呼志娜 /著

史記趣讀

图文典藏版

中国文史出版社

图书在版编目（ＣＩＰ）数据

史记趣读：图文典藏版 / 呼志娜著. -- 北京：中国文史出版社, 2017.12
  ISBN 978-7-5034-9369-0

Ⅰ.①史… Ⅱ.①呼… Ⅲ.①《史记》—通俗读物
Ⅳ.①K204.2-49

中国版本图书馆CIP数据核字(2017)第150691号

责任编辑：刘　夏
封面设计：秋　雨

出版发行：中国文史出版社
网　　址：www.wenshipress.com
社　　址：北京市西城区太平桥大街 23 号　　邮编：100811
电　　话：010-66173572　66168268　66192736（发行部）
传　　真：010-66192703
印　　装：廊坊市海涛印刷有限公司
经　　销：全国新华书店
开　　本：1/16
印　　张：17.5　　字数：200 千字
版　　次：2018 年 1 月北京第 1 版
印　　次：2018 年 1 月第 1 次印刷
定　　价：45.00 元

中华文化，源远流长，博大精深，先贤们留给我们很多浩如烟海的精神财富——古文典籍。其中，《史记》是最为璀璨，最熠熠生辉的一颗。作为"二十四史第一书"，《史记》记载了上起轩辕下至汉武帝太初年间，共3000多年的历史变迁，规模宏大、体制完备，是一部"究天人之际，通古今之变，成一家之言"的伟大著作。

《史记》书成时并没有起名字，司马迁拿给当时同朝学者东方朔看，东方朔在书上加了"太史公"三个字。"太史"是司马迁的官职，"公"是美称，"太史公"表明是司马迁写的这本书。班固的《汉书·艺文志》在著录这部书时，称为《太史公百三十篇》，后人则又简化成"太史公记""太史公书""太史公传"等等。最后，人们根据"太史公记"省略称为《史记》。近人梁启超称赞这部书是"千古之绝作"（《论中国学术思想变迁之大势》）。鲁迅誉之为"史家之绝唱，无韵之《离骚》"（《汉文学史纲》）。此书也开创了纪传体史书的形式，对后来历朝历代的正史，都产生了深远的影响。书中一个个耐人寻味的小故事编织成了世世代代流传的史记。

历史总是惊人地相似，历史上发生过的事情总是一再地以另一种形式重复。前事不忘，后事之师，我们要以史为鉴。看《史记》就仿佛在读一本有韵味的故事书。里面的人物、事件为我们打开了遥望历史的大门，在《史记》里面，我们不仅可以看到王侯将相的英姿，也可以看到百家争鸣的先秦诸子、知书明理的多情女子、富比王侯的商人大贾，以及"草根"、百姓等各种小人物的风采，国人要想了解历史文化，《史记》是必读的。

《史记》原书对普通读者来说，佶屈聱牙，艰难晦涩，难以理解，除了那些专业的文史研究者外，没有相当学识的人是无法读懂的。因此，本书就是在白话的基础上，取材《资治通鉴》《史记》等史书，溯本清源，把其中最有趣味、最有哲理的内容提炼成耐读的小故事，为读者呈现一个个丰富而细腻的史实，让《史记》中人物的魅力更加清晰、真切。

本书没有模仿写历史的旧体例，比如本纪、世家、列传、书、表等，而只是从中选取最有趣味的故事，重新分章，不只是机械的古今语言转换。直白的语言，有趣的故事，深刻的哲理，更适合读者休闲时间品读和欣赏。

最后，用元代散曲家张可久的散曲·小令《卖花声·怀古》作为本书的开篇吧：

阿房舞殿翻罗袖，金谷名园起玉楼，隋堤古柳缆龙舟。

不堪回首，东风还又，野花开暮春时候。

美人自刎乌江岸，战火曾烧赤壁山，将军空老玉门关。

伤心秦汉，生民涂炭，读书人一声长叹。

目录

第一章　千年帝王事　得失尺牍间

1 黄帝究竟是个人还是个神 / 2

2 尧帝和舜帝是真心"禅让"吗 / 3

3 "禅让"没有真心实行的 / 5

4 进贡的物品都有什么 / 5

5 他们的出生简直就是神话 / 7

6 有变革才有发展，有发展才有尊重 / 8

7 纣王是最坏的帝王吗 / 10

8 扒灰的王侯还不少 / 12

9 古代太子是副手还是备胎 / 13

10 原来霸主称号是天子封的 / 14

11 诸侯国是怎么来的 / 15

12 我不说 不等于我不知道 / 16

13 制度是不容侵犯的 / 17

14 燕王姬哙很容易就被"忽悠"了 / 18

15 霸王没有举鼎 举鼎的是武王 / 19

16 赵主父和布里丹的驴子 / 20

17 枪打出头鸟 / 21

18 皇帝的称号是秦始皇提出的 / 22

19 当皇帝好像就是为了享乐 / 23

20 螳螂捕蝉 黄雀在后 / 24

21 刘邦如何给自己脸上贴金 / 25

22 谁知道哪块云彩有雨呢 / 26

23 冒顿爱江山不爱美人 / 27

24 文帝是如何对待老人的 / 29

25 汉文帝是个不错的皇帝 / 30

26 古代诸侯王如何朝见天子 / 31

27 那些年 皇帝追过的男人们 / 32

28 汉武帝的人才论 / 33

第二章　当官难　难当官　官官管管　管管官官

1 皇权最大？有人不服 / 36

2 防民之口 甚于防川 / 37

3 屈原被冤枉 离骚寄衷肠 / 38

4 平时烧高香 难时有人帮 / 39

5 受人之托 忠人之事 / 40

6 施政教民要疏导而不是教导 / 41

7 渎职就是犯罪 理应承担后果 / 43

8 有口才的人一定是人才 / 44

9 心涌波涛 面静如水 / 45

10 下属不参与尊长的事 / 45

1

11 用人避其短用其长 / 46

12 让那些士兵给周筑城 / 47

13 设置诸侯没有好处 / 49

14 好的制度就要延续下去 / 50

15 农业 是天下的根本 / 51

16 不能让老实人吃亏 / 52

17 不能让刀笔之吏身居公卿之位 / 54

18 花言巧语者不可靠 / 55

19 有法可依 还需执法必严 / 56

20 没学问该如何做官 / 57

21 汲黯官位难久居 / 59

22 王子犯法难与庶民同罪 / 60

23 乱世需要重典 / 61

24 国君认为对的就写成法律 / 62

25 少数要服从多数 / 63

26 人靠衣服马靠鞍 / 65

第三章 做人有猫腻儿 处世讲门道儿

1 我不会告诉你我手里有两颗糖 / 68

2 空洞的道理没有用 / 69

3 胜利不要骄傲 / 70

4 耻笑跛子会要了你的命 / 71

5 走皇上的路 让皇上无路可走 / 72

6 车夫 又见车夫 / 73

7 两件漂亮皮袍子 / 74

8 你有权势就会有人依附你 / 75

9 不要揭别人的老底 / 75

10 顾惜自己就登不到顶峰 / 76

11 吃软饭也可以起家 / 77

12 什么叫生死之交——这就是 / 77

13 自刎乌江不如逃过乌江 / 78

14 提前烧香 关键时刻有人帮 / 80

15 天下安 注意相 天下危 注意将 / 81

16 长得好是一种资本 / 82

17 放人一马就是给自己留条生路 / 83

18 是金子总会发光的 / 84

19 夜郎就是井底之蛙 / 85

20 软饭也可以吃得心安理得 / 86

21 不要以貌取人 / 88

22 君子用美言赠人 小人以钱财送人 / 89

第四章 阴谋 阳谋 都是人心的较量

1 拉大旗扯虎皮 / 92

2 假道伐虢 唇亡齿寒 / 93

3 内史王廖的离间计 / 94

4 美人计最管用了 / 95

5 做鬼也不会放过你 / 96

6 对待贫穷的人 要激发他的意志 / 97

7 我低调但我不胆小 / 99

8 吴起做大将——名副其实 / 100

9 临死也拉垫背的 / 101

10 变革很困难 最难在上层 / 102

11 射人先射马 擒贼先擒王 / 103

12 挑拨敌人 让他们互掐 / 105

13 柿子要拣软的捏 / 106

14 田单诡计层出不穷 / 107

15 赵高看透了秦二世的本质 / 109

16 宁愿斗智 不能斗力 / 110

17 得民心者得天下 / 111

18 花费四万斤黄金的反间计 / 113

19 打仗需要师出有名 / 114

20 委屈才能求全 / 115

21 一封信解决问题 / 115

22 战争不讲情义 / 116

23 说不是就不是 是也不是 / 117

24 礼仪教化比不上武力强大 / 118

25 嘴唇动动就是死罪 / 119

第五章 下棋看三步 谋事早三年

1 见微知著 人的欲望是无尽的 / 122

2 两个本末倒置 / 123

3 虽是迷信 但有教育意义 / 124

4 讲诚守信也是帝王风范 / 124

5 千里之外去袭击别人会吃大亏 / 125

6 傻子不知道自己是傻子 / 127

7 什么最珍贵——人才 / 128

8 用千金买马头 / 128

9 才与德是不同的两回事 / 129

10 发生灾害就不要再乱花钱了 / 130

11 驺忌子是猜谜高手 / 131

12 孙子的孙子叫什么 / 132

13 你见过喂饱的狼吗 / 133

14 秦始皇长什么样 / 134

15 有人才就有未来 / 135

16 我要赏赐是为了让你放心 / 137

17 陈平是靠吃白饭起家的 / 138

18 韩信眼中的项羽 / 139

19 脱光就表示真没钱了 / 140

20 皇帝大力封赏未必是好事 / 141

21 寻欢作乐不一定就是堕落 / 142

22 干哭不掉泪 心有烦恼事 / 143

23 什么是祖 什么是宗 / 143

24 伴君如伴虎 / 144

第六章　人文思想与哲学火花

1 儒者这种人　能说会道 / 146

2 太有才也不是什么好事 / 147

3 老子教导孔子 / 147

4 孔子教你求取官职俸禄 / 149

5 孔子也是有替身的 / 149

6 拿的祭品很少　祈求的东西多 / 150

7 对待文人要尊敬 / 151

8 我不说不等于我不知道 / 151

9 白马不是马　是什么 / 153

10 秦始皇有没有焚书坑儒呢 / 154

11 不要小看读书人 / 155

12 顺势而为　不要逆势而动 / 156

13 马上得天下　马下治天下 / 158

14 儒家和道教的角力 / 159

15 忽悠来忽悠去，忽悠死自己 / 159

16 独尊儒术才是正道理 / 160

17 百无一用是书生 / 161

18 迷信迷信　一入迷就信了 / 162

19 天神中最尊贵的是泰一神 / 163

20 招引鬼神其实就是驴皮影 / 164

21 牛皮终有吹破的一天 / 165

22 上有所好　下必附焉 / 166

23 越祠和鸡卜的方法 / 167

第七章　听人劝　吃饱饭　兼听明　偏听暗

1 军队不是用来打猎的 / 170

2 独占财利，就是强盗 / 171

3 敌人也是分主次的 / 171

4 六个手指挠痒痒——多那一道儿 / 173

5 象牙床　中看不中用 / 174

6 一个木偶人与一个土偶人 / 175

7 求人办事也要稳得住 / 176

8 不能识大局的平原君 / 177

9 知错就改的魏文侯 / 178

10 瘦死的骆驼比马大 / 179

11 正话反说　很有效果 / 180

12 古代达人模仿秀 / 181

13 臣子权势大　皇帝就畏惧 / 182

14 十二岁的小孩口才很厉害 / 183

15 堡垒都是从内部攻克的 / 184

16 春申君的大意害死了自己 / 185

17 不要打着救人的旗号去害人 / 186

18 善待敌人　才显胸襟 / 187

19 冰山的可怕之处在水底下 / 188

20 皇帝为何很少出宫 / 189

21 良言难劝该死的鬼 / 190　　23 惩罚不分骨肉 / 192

22 不听老人言 灾祸到身边 / 191

第八章　小人物有作为　"草根"也疯狂

1 仗义每多屠狗辈 / 196　　　　13 不要小看皇帝的车夫 / 207

2 卫献公的糊涂事 / 197　　　　14 老板的心思你要猜 / 208

3 两个女人引发的战争 / 198　　15 小人也不都是无用之人 / 209

4 道义在民间 / 198　　　　　　16 儿子多了自有管理之道 / 210

5 胡衍一番话获得黄金三百斤 / 199　17 帝王的兄弟没有安生的 / 212

6 一支箭 一封信 一座城 / 200　18 不要得罪狱吏 / 213

7 有一个叫许历的军士 / 200　　19 大难不死必有后福 / 214

8 上面有人就好办事 / 202　　　20 坏大事的不一定是大人物 / 215

9 小士兵也有大作用 / 203　　　21 我一定要使汉朝廷深受祸患 / 216

10 十三岁的小孩子胆识了得 / 204　22 穷不跟富斗 富不跟官斗 / 217

11 陈恢一番话救了一座城 / 205　23 学习卜式好榜样 / 218

12 刘邦的发小儿 / 206

第九章　尘归尘 土归土 死也能死出花样来

1 桓公被折断肋骨而死 / 222　　9 飞鸟尽 良弓藏 / 228

2 湣公被棋盘砸死 / 222　　　　10 战国时代 帝王难长命 / 229

3 齐桓公死后不得安生 / 223　　11 用铜勺打死代王 / 229

4 临死还想吃熊掌 / 224　　　　12 齐王被饿死 / 230

5 懿公在车上被杀死 / 224　　　13 为了活命 大杀四方 / 230

6 一碗汤引发的血案 / 225　　　14 烧死 煮死 接着煮死 / 231

7 楚灵王差点饿死 / 226　　　　15 一下就死二十万 / 232

8 吃鱼吃出人命来 / 227　　　　16 韩非挡人仕途，注定要死 / 233

17 蒙毅不要得罪小人 / 234

18 不要生在帝王家 / 235

19 秦二世是被自己蠢死的 / 236

20 郦食其被开水煮死了 / 237

21 赵王被囚禁饿死 / 238

22 刘长杀人 自己饿死 / 239

23 申屠嘉吐血而死 / 240

24 周亚夫绝食而死 / 241

25 死要死得轰轰烈烈 / 242

26 好母亲才生出好儿子 / 243

第十章　谁说女子不如男　个个都顶半边天

1 人够三个就叫"众" 美女够三人叫什么 / 246

2 不是褒姒 而是幽王败了国 / 246

3 第一个"黑锅"女：妹喜 / 248

4 古代的自由恋爱 / 250

5 老婆是别人的好 / 251

6 父亲与丈夫哪一位更亲 / 252

7 儿子还是自己的好 / 252

8 成功男人背后都有好女人 / 253

9 你不偷人妻 人不要你命 / 255

10 春申君给楚王戴绿帽 / 255

11 头发长见识也长 / 256

12 古代最明智的老太太 / 257

13 嫪毐是宦官还是太监 / 259

14 知儿莫若母 要听妈妈的话 / 260

15 公主也有假的 / 261

16 被冷落未必是坏事 / 262

17 歪打正着与弄假成真 / 263

18 嫉妒的女人像发疯的狮子 / 264

19 太后很生气 后果很严重 / 265

20 知错就改 善莫大焉 / 266

21 缇萦是个有胆识的孝女 / 266

22 景帝的皇后是二婚 / 267

23 皇家多有乱伦事 / 268

史记中记载帝王的叫本纪，《史记》索引中说："纪者，记也，本其事而记之，故曰本纪。又纪，理也，丝缕有纪。而帝王书称纪者，言为后代纲纪也。""本纪"之意就是法则、纲纪。本纪主要内容是按照编年的体例，依照年月的顺序，记载帝王的言行政绩，以及重大事件。司马迁在本纪中以他那十分传神的画笔，为我们勾画出一个个栩栩如生的帝王画像。大多数读者印象中，帝王是神圣的，他们身上都笼罩着传奇色彩，头上都闪耀着让人仰慕的历史光环；实际上，这种印象未必是对的，他们也是一个普通人，也有倒霉时刻，也有失误地方，他们不是神，他们也是人，我们不要造神，我们要还原使他们成为人，透过《史记》字里行间，我们就能看到真实的帝王原貌。

1

黄帝究竟是个人还是个神

我们常说中国有上下五千年文明史，这个五千年就是从黄帝时代开始算起的。黄帝被尊奉为中华民族的人文初祖。由于当时没有文字记载，黄帝只能是一个扑朔迷离的传说人物。

《史记·五帝本纪》说：黄帝是少典之子，姓公孙，名轩辕。但《国语》上说黄帝姓姬。与周朝的王室同姓。晋·皇甫谧《帝王世纪》中和了这两种说法，说是黄帝本姓公孙，因为长于姬水，改姓了姬。

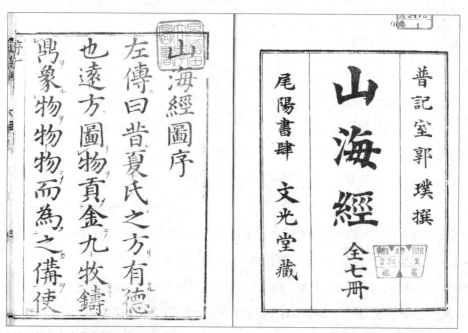

1902 年，文光堂老版本《山海经》

在战国以前的典籍中，没有黄帝的记录，只是到了战国以后，有关黄帝的记载才多了起来。但那些记载充满神话色彩。在各种古籍中，关于黄帝的神话很多，下面我们就举出一些。

黄帝爱惜人民，而周围四帝不安分，纷纷独立，并且合兵进攻黄帝。黄帝因为"君危于上，民不安于下"，不得不出兵消灭了四帝。

黄帝住在昆仑山上。这山方圆八百里，高万仞（八尺为仞），每一面有九眼井、九道门，门由开明兽把守。开明兽像虎一般大，长着九个脑袋，面孔和人一样。西边还有凤凰和鸾鸟（一种五色的神鸟），它们头上顶着蛇，脚下踩着蛇，胸前还挂着红蛇。北边有不死之树，花果可以制成不死之药。（《山海经·海内西经》）

……

类似这样的神话还有很多，总之，有关黄帝的历史还是个不解之谜！其实，黄帝也未必是指某一个人，或许人们在口口相传之下，把很多人的事迹放到了一个人的身上，是古代的劳苦大众共同创造出"黄帝"这么个人物也未可知！具体历史到底有没有这个人，还需要学者来研究和探秘。

2

尧帝和舜帝是真心"禅让"吗

《史记》上说：尧在位七十年得到舜，又过二十年因年老而告退，让舜代行天子政务，尧让出帝位二十八年后逝世。由此看来，这个尧帝还是个百岁以上的老寿星啊！

尧了解自己的儿子丹朱能力不行，品格也不好，就试着让舜治理天下。假如让丹朱来管理天下，天下人或许就会遭殃，尧说："我毕竟不能使天下人受害而只让一人得利"，最后还是把天下传给了舜。假设一下，要是尧帝自己的儿子表现还不错，是不是他就把天下传给自己的儿子呢？其实他是想"家天下"的，只是舆论或者各方面的制约吧，他理智战胜了情感，从这点说，尧帝也是个明智的部落领袖！

尧逝世后，舜为了表示谦让，还是把帝位让给丹朱，但是诸侯都前来朝觐他而不去丹朱那里。舜在众人推举下，谦让一番，登上领导之位。后来，舜帝说："你们不要学丹朱那样桀骜骄横，只喜欢怠惰放荡，聚众淫乱，名声不好，无法继承天下。对这种人我决不听之任之。"不知道丹朱就是这个样子，还是舜故意诋毁丹朱的形象？

舜六十一岁时接替尧，因为自己的儿子也不成材，他就事先把禹作为帝位的候选。舜逝世后，禹也把帝位让给舜的儿子，就跟舜让位给尧的儿子时的情形一样。但是诸侯归服禹，这样，禹就当上了部落领袖。

后来，尧的儿子丹朱、舜的儿子商均分别在唐和虞得到封地，来奉祀祖先。这也算是对尧、舜帝的慰藉吧！

民国时期发行的有尧帝像的纸币

4

3

"禅让"没有真心实行的

舜逝世后，禹继承了部落领袖之位。过了十年，禹到东方视察，到达会稽，在那里逝世。禹把天下传给益。益也学着前人，把帝位让给禹的儿子启，自己到箕山之南去躲避。他还幻想着学习舜和禹，等待人们推举他继承领袖位置，但是他或许没想到的是，大概是禹根本没把益当作继承人，或者开始就把自己的儿子当作了继承人的缘故吧，因为益辅佐禹时间不长，还没有建立起自己的威望，也没有建立起自己的势力，天下并不顺服他。诸侯都离开益而去朝拜启，说："这是我们的领袖禹的儿子啊。"结果，众望所归，启继承了领袖之位，这就是夏后帝启。或许是启的即位没有符合传统吧，等到启继承部落领袖后，有扈氏不来归从，启就派兵前往征伐，在甘地大战一场，消灭了有扈氏，这一下，天下其他诸侯在武力下屈服，都来朝拜他。

夏后帝启逝世后，他的儿子帝太康继位。历史从"禅让"到了"家天下"时代！

4

进贡的物品都有什么

在奴隶制社会时期，王侯帝王主要靠百姓进贡来维持奢华生活，那么，进贡的物品都包括些什么呢？在《史记》中，我们从大禹治水事件中，可以得知古人的进贡物品都有哪些。

舜让禹继续他父亲鲧治水的事业。禹开发九州土地，疏导河道，修治了大湖，也规定了各地按照等级进贡不同的物品。

冀州赋税属第一等。贡品是皮衣。

豫州赋税属第二等。进贡漆、丝、细葛布、麻、细丝絮等，有时按命令进贡治玉磬用的石头。

荆州赋税属第三等。进贡的物品是羽毛、旄牛尾、象牙、皮革、三色铜，以及椿木、柘木、桧木、柏木，还有粗细磨石，可做箭头的砮石、丹砂，彩色布帛等。有时根据命令进贡九江出产的大龟。

青州赋税属第四等。进贡的物品是盐和细葛布，有时也进贡一些海产品，还有泰山谷地生产的丝、大麻、锡、松木、奇异的石头等等。

徐州赋税属第五等。进贡的物品是供天子筑坛祭天用的五色土，羽山谷中的野鸡，制琴瑟的孤生桐，石磬，珍珠和鱼类，还有纤细洁净的黑白丝绸（当时有丝绸吗？值得怀疑）。

雍州赋税属第六等。贡品是美玉和美石。

扬州赋税属第七等。进贡的物品是三色铜、美玉和宝石，以及竹箭，还有象牙、皮革、羽毛、旄牛尾和岛夷人穿的花草编结的服饰，以及锦缎、橘子、柚子等。

梁州赋税属第八等。贡品有美玉、铁、银、可以刻镂的硬铁、可以做箭头的砮石、可以制磬的磬石，以及熊、罴、狐狸。

沇（兖）州赋税属第九等。进贡的物品是漆、丝，还有用竹筐盛着的有花纹的锦绣。

从舜、禹时代开始，进贡纳赋的规定已完备。

由此可见，古人的进贡物品就是各地方特产和紧俏的物资！

5

他们的出生简直就是神话

大禹治水，大家都知道，这里讲的是禹的儿子启的故事。传说禹忙于治水，三十岁还没有娶妻。有一只九尾白狐前来。见了禹，化作美人，自称涂山氏之女，名叫女娇，愿意嫁给大禹。禹治水时，把她带在身边，让她给自己做饭，送到工地。事先嘱咐她说："必须听到我的鼓声，才能把饭送过来；不听到鼓声，千万不要来。"

有一次，禹为了打通轘辕山（在今河南偃师东南，接巩义、登封市界），化作一头力大无比的熊，挑土运石，石子误中了鼓。涂山氏闻声前来送饭，看见禹变成熊，便又气又怕地跑开了，大概是本想嫁给一个人类，没想到大家都是妖精。九尾白狐在前面跑，大黑熊在后面追，跑到嵩山下，涂山氏变成了一块石头。这时她正在怀孕，快要临产了。大禹赶紧说："把儿子还给我啊！"涂山氏也真听话，于是大石头在北方裂开，生下了一个男孩，起名叫作启。启，开也，是石开而生的意思。这故事来自《汉书》颜师古注引古本《淮南子》。说不定《西游记》里的石猴出世就是取材于这个传说呢！

民国时期出版的《淮南子》

7

有石头孵的，就有蛋孵的！话说简狄等三个大姑娘到河里去洗澡，看见燕子飞过，恰巧掉下一只蛋，没有破，真神奇，古代讲故事的人很有想象力。简狄也不知道抽什么风，就捡来吞吃了，因而怀孕，生下了契。契长大成人后，帮助禹治水有功，舜把契封在商地，赐姓子。

再来看一个更神奇的：周的始祖后稷，名叫弃。他的母亲是有邰氏部族的女儿，名叫姜嫄。一次，姜嫄外出到郊野，看见一个巨人脚印，也不管什么动物的脚印吧，就迷迷糊糊上去踩它一脚，一踩就觉得身子像怀了孕似的，过了十月就生下一个儿子。姜嫄认为这孩子不吉祥，就把他扔到了一个狭窄的小巷里，动物们也不敢吃掉他。姜嫄又把他扔在渠沟的冰上，结果有飞鸟来用翅膀盖在他身上，垫在他身下。姜嫄觉得这太神奇了，就抱回来把他养大成人。由于起初想把他扔掉，所以就给他取名叫弃。在尧时期，弃担任农师，教给民众种植庄稼。舜把弃封在邰，以官为号，称后稷，另外以姬为姓。

这些不是历史，就是口口相传的传说，因为古代没有文献，我们只能姑妄听之了！

6

有变革才有发展，有发展才有尊重

在古代社会，法制不健全，基本都是人治，根本谈不上法制，我们来看看这些帝王，就知道了。

小甲帝逝世，弟弟雍己即位，这就是雍己帝。到了这个时候，殷朝的国势已经衰弱，有的诸侯就不来朝见了。为什么？君主只知道吃喝玩乐，国家衰败，诸侯强大，怎么指望人家尊重你！

雍己逝世，他的弟弟太戊即位。这就是太戊帝。太戊任用伊陟为相。殷的国势再度兴盛，诸侯又来归服。因此，称太戊帝为中宗。为什么？君主励精图治，国家自然强盛！

在河亶甲时，殷朝国势再度衰弱。河亶甲逝世，他的儿子祖乙即位。祖乙帝即位后，殷又兴盛起来，巫咸被任以重职。为什么有反复？就是是否重用人才的缘故！

再往后，阳甲帝在位的时候，殷的国势衰弱了。阳甲帝逝世，他的弟弟盘庚继位。盘庚渡过黄河，南迁到亳，修缮了成汤的故宫，遵行成汤的政令。此后百姓们渐渐安定，殷朝的国势又一次兴盛起来。因为盘庚遵循了成汤的德政，诸侯也纷纷前来朝见了。

盘庚帝逝世，他的弟弟小辛即位，这就是小辛帝。小辛在位时，殷又衰弱了。

到了武丁帝即位，任用傅说担任国相，殷国得到了很好的治理。武丁修行

四羊方尊是商朝晚期青铜礼器，1938 年出土于湖南宁乡

德政，全国上下都高兴，殷朝的国势又兴盛了。

武丁帝逝世，他的儿子祖庚帝即位。祖庚帝逝世，他的弟弟祖甲即位，这就是甲帝。甲帝荒淫无道，殷朝再度衰落。到了辛继位，这就是辛帝，天下都管他叫"纣"，因为谥法上"纣"表示残义损善。纣更加荒淫，弄得民不聊生，诸侯背叛，最后葬送了殷朝。

从这段记述可以看出，古代确实就是人本政治，统治者不胡来，社会就安康；统治者荒淫奢靡，百姓就困苦不堪，靠的不是制度，不是法律，就是单纯地看帝王的人品。帝王自强不息，国家就兴盛一时，一旦帝王荒淫奢靡，国家马上衰落，其实再回头看看整个中国古代史，法制和民主从来没有存在过。

7

纣王是最坏的帝王吗

商朝的最后一个国王是帝辛，天下都管他叫"纣"，因为在谥法上"纣"表示残义损善。纣王的荒淫残暴，在各种古书上有充分的记载，据历史学家、民俗学家顾颉刚（1893—1980年）统计：纣恶共有70条（其中有重复）。

《史记》上说，纣天资聪颖，而且力气很大，能徒手与猛兽格斗。他凭着才能在大臣面前夸耀，认为天下所有的人都比不上他，不过他也确实有骄傲的资本。他嗜好喝酒，放荡作乐，宠爱女人（这或许是皇帝的通病吧）。他特别宠爱妲己，一切都听从妲己的，妲己和他一起祸害国家，国家很难长治久安。为了挥霍，他就加重赋税，把鹿台钱库的钱堆得满满的，把钜桥粮仓的粮食装得满满的。他多方搜集狗马和新奇的玩物，填满了宫室。他招来大批演戏的、唱曲的，聚集在沙丘，用酒当作池水，把肉悬挂起来当作树林，让男女赤身裸

法国国家图书馆藏《帝鉴图说》商纣王酒池肉林本

体，在其间追逐嬉闹，饮酒寻欢，通宵达旦。

　　对于纣恶的这些传说，有人并不完全相信。因为其中很多事情其他皇帝也干得出来。早在春秋时期，孔子弟子子贡就说过："纣之不善，不如是之甚也。是以君子恶居下流，天下之恶皆归焉。"（《论语·子张》）（纣王的坏，并没有传说的那么严重。所以君子不愿意居于下流的地位，那样一来，天下的坏事便都会归结到他的身上了。）

子贡以后，儒家学派的另一代表人物荀子，也说过这样的话：后世言恶，则必稽焉。（《荀子·非相篇》）

在历史上，夏桀和殷纣的恶行，很有相似之处。如酒池肉林，宠信女人等等，基本都是相同的。其实，桀、纣的传说，大多数是在流传过程中逐渐夸张附会而形成的，桀、纣都只是一个符号，人们是把想象中的暴君可能发生的罪行，都集中到桀、纣的身上了，真实的纣王或许是个不错的帝王呢！

8

扒灰的王侯还不少

扒灰，又称爬灰，形容乱伦，是专指公公和儿媳之间发生性关系的乱伦。关于扒灰一词的来历有许多种故事传说。有一种说法是：庙里烧香的炉子里，焚烧的锡箔比较多，时间长了，形成了大块，和尚们就扒出来卖钱用。后来庙旁的人知道后，也来炉子里偷锡。因为"锡""媳"同音，就引申为老公公偷儿媳的隐语。这里讲的是《史记》里面王侯"扒灰"的故事。

卫宣公所宠爱的夫人夷姜生了儿子取名伋，伋被立为太子。宣公派右公子教导他。公元前701年，右公子为太子娶齐国美女，美女还未与伋拜堂成婚，为宣公所见，宣公见齐国女长得漂亮，很喜欢，就自娶此女，而为太子另娶了其他女子。宣公得到齐女后，齐女生了儿子子寿、子朔，宣公派左公子教导他们。后来卫宣公怕儿子心生愤恨吧，还是找借口杀死了太子伋。

公元前543年，蔡景侯给太子般从楚国娶来媳妇，景侯又与儿媳通奸，太子不甘心戴绿帽，就杀死景侯，自立为君，就是蔡灵侯。公元前531年，楚灵王借口蔡灵侯杀父，诱骗蔡灵侯到申地，预先埋伏甲兵，用酒宴招待灵侯。灵侯醉后被楚人杀死，跟随灵侯的七十名士兵也遭刑受害。

楚灵王多管闲事，下场也不好。公元前529年，楚国公子弃疾杀了楚灵王，自立为王，这就是平王。公元前526年，楚平王迎娶秦女做太子建的妻子。回到楚国，平王见女子漂亮，就自己娶了她。公元前522年，楚平王想杀死太子建，建逃跑了。

俗话说：娶了媳妇忘了娘，这些个王侯却是"娶了儿媳不要儿"！

9

古代太子是副手还是备胎

大家都知道，太子是皇位未来的继承人，很多人以为太子就类似汽车的备胎，其实不然，太子也是有其职责的，《史记》上有记载。

公元前662年，晋献公建立二军。献公统率上军，太子申生统率下军。第二年，晋献公让太子申生讨伐东山。里克进谏献公说："太子是奉献祭祀宗庙、社稷的祭品，早晚检查国君膳食的人，所以叫冢子。国君要出行，太子就应留守，有人代为留守，太子就跟从，随从叫抚军，留守叫监国，这是古代的制度。军队的统帅必定专心谋划；发布号令，是国君与正卿的专职，这不是太子的事情。军队的统帅在于服从将军的命令，太子请命于国君，则没有威严；如独断专行，又会不孝。所以国君的继位嫡子不可以统率军队。国君以太子为军队统帅是错误的任命，假如他统率没有威严，又怎样用他呢？"

从这里可以知道，太子还真不是聋子的耳朵——摆设。

10

原来霸主称号是天子封的

春秋时期饮酒用的觯

很多人都听说过"春秋五霸"，他们分别是齐桓公、晋文公、秦穆公、宋襄公、楚庄王。很多人不知道的是原来"霸主"不是自己命名的，也不是诸侯推举的，而是当时的周天子封的。有例子为证。

公元前632年五月，晋文公重耳把楚国俘虏奉献给周襄王，共有一百辆披甲的驷马车、一千多名步兵。周襄王赐文公酒，宣布晋侯为霸主，意为诸侯之长，可以讨伐不听话的诸侯。"霸主"称号是虚的，但是也有实际的东西，例如赏赐给晋侯黄金装饰的大车，一副红色弓，百支红色箭，十副黑色弓，千支黑色箭，玉勺和黑黍香酒一罐，还有三百名勇士。晋文公遵照古礼节，为了表示谦让，多次辞谢，最后才行礼接受了。

周王写了《晋文侯命》："王说：您用道义使诸侯和睦，大显文王、武王的功业。文王、武王能够谨慎地修养美好的德行，感动了上天，在人民中间传播，因此，上天把帝王的事业赐给文王、武王，恩泽流传到子孙后代。上天照顾我，让我继承祖先的事业，永远保存王位。"封晋文公霸主，意思是让他负责保卫周王室，因为当时周王室已经不被诸侯尊重了，但是晋文公只是沽名钓誉，未必是真心地想辅佐周王室。

公元前632年的冬季，晋文公想会见诸侯，但是担心自己的号召力不够，恐怕有诸侯不理会，就派人告诉周襄王到河阳打猎。周襄王被召唤，就去了。诸侯面子上得过得去啊，于是就都去朝见周天子。晋文公呢，目的达到了，便率领诸侯去朝拜襄王，自己也达到了召集诸侯、会见诸侯的目的。不过史书因避讳以臣召君这种事，就写成了"天王到河阳巡视"，可见当时周王朝十分衰落了，很难赢得诸侯的尊重了。

11

诸侯国是怎么来的

周朝时期，帝王为了巩固天下，分封自己的子弟为诸侯王，后来到了春秋战国时期，出现了很多诸侯，这些诸侯的来历很复杂，其中一种是凭借战功取得诸侯之位的，《史记》中记载了这样一例。

秦襄公率兵营救周朝，作战有力，立了战功。周平王为躲避犬戎的骚扰，把都城向东迁到洛邑，襄公带兵护送了周平王。周平王封襄公为诸侯，赐给他岐山以西的土地。平王说："西戎不讲道义，侵夺我岐山、丰水的土地，秦国如果能赶走西戎，西戎的土地就归秦国。"平王与他立下誓约，赐给他封地，授给他爵位。襄公在这时才使秦国成为诸侯国，跟其他诸侯国互通使节，互致聘问献纳之礼。

秦正是凭借这次封地，励精图治，大力发展，最后凭借军事优势，统一了天下！

12

我不说 不等于我不知道

公元前370年，当时周王室已十分衰弱，各诸侯国都不来朝拜，唯独齐威王仍来朝拜周烈王，因此天下人越发称赞齐威王贤德。齐威王不仅大的方面做得比较到位，在管理国家事务上，也有自己的一套。

一次，齐威王召见即墨大夫，对他说："自从你到即墨任官，每天都有指责你的话传来。然而我派人去即墨察看，却是田地肥沃，百姓丰衣足食，官府按部就班，地方上很安定。我就知道这是你不巴结我的左右内臣、没有人给你说好话的缘故。"便封赐即墨大夫享用一万户的俸禄。

接着，齐威王又召见阿地大夫，对他说："自从你到阿地镇守，每天都有称赞你的好话传来。但我派人前去察看阿地，只见田地荒芜，百姓贫困饥饿。当初赵国攻打鄄地，你不救；卫国夺取薛陵，你不知道；于是我知道你用重金来买通我的左右近臣以求替你说好话！"当天，齐威王下令烹死阿地大夫以及替他说好话的左右近臣。

这就像很多中小学的教室里，很多学生在课堂上做小动作，都以为老师不知道，其实老师在讲台上站着，哪个角落看不到？只是不愿意说出来而已。

齐威王就利用这么个小事，让大臣僚们毛骨悚然，不敢再弄虚作假，都尽力做实事。结果齐国因此大治，成为当时最强盛的国家。

齐国刀币

13

制度是不容侵犯的

规章制度主要是约束人的行为，就是用法律来弥补道德的不足，规章制度制定了还要靠人的遵守和执行，如果有不受法律制约和约束的权力，那还要规章制度作啥用？在这方面，古人为我们作出了典范。

公元前351年，韩昭侯用申不害为国相，对内整顿政治，对外积极开展交往，这样进行了十五年，直到申不害去世，韩国一直国盛兵强。申不害曾经请求让他的堂兄做个官，韩昭侯不同意，申不害很不高兴。韩昭侯对他说："我之所以向你请教，就是想治理好国家。现在我是批准你的私请来破坏你创设的法度呢，还是推行你的法度而拒绝你的私请呢？你曾经开导我要按功劳高低来封赏等级，现在你却有私人的请求，我该听哪种意见呢？"申不害便向韩昭侯请罪，知道自己错了。

公元前325年，卫国卫平侯去世，其子嗣君即位。卫国有个苦役犯逃到魏国，为魏国王后治病。卫嗣君听说后，要求用五十金把他买回来，经过五次反复，魏国仍是不给，便打算用左氏城去换。左右侍臣劝谏说："用一个城去买一个逃犯，值得吗？"嗣君答道："这你们就不懂了！治理政事不忽略小事，就不会有大乱子。如果法度不建立，当杀的不杀，即使有十个左氏城，也是无用的。法度严明，违法必究，失去十个左氏城，也终无大害。"魏王听说这件事，非常感叹，也知道这样英明的国君惹不起，于是用车把逃犯送回卫国，未取报偿。

为了制度的完整和尊严，失去一座有形的城池换来无形的约束力，这笔账划算！

14

燕王姬哙很容易就被"忽悠"了

2001年中央电视台春节联欢晚会小品《卖拐》，里面赵本山通过"忽悠"，让范伟"没病走两步"，硬把范伟一双好腿忽悠瘸了！这种忽悠人上当的事情在现在生活中屡见不鲜。其实在古代，也有这样的人这样的事。

苏秦死后，他的弟弟苏代、苏厉也以游说著称于各国，其实就是仗着口才好，四处去忽悠，成功了功名利禄都有了，失败了也不损失啥，再去下一家接着忽悠。正巧，燕国相子之想谋得燕国大权，便与苏代结为亲家。成亲戚了，就得互相帮忙啊，于是他让苏代去忽悠燕王姬哙。苏代出使齐国归来，燕王姬哙问他："齐王能称霸吗？"苏代回答："不能。"燕王又问："为什么？"回答说："他不信任臣僚。"于是燕王把大权交给子之。

子之见燕王姬哙这么容易被忽悠，就接着派人继续忽悠。鹿毛寿也对燕王说："人们称道尧是贤明君主，就是因为他能让出天下。现在燕王您要是把国家让给子之，就能与尧有同样的名声。"燕王得了失心疯，召集群臣，废掉世子姬平，把王位禅让给了子之。子之祭告天地后，面南称王，燕王姬哙反而向北称臣，到别的宫中居住。鹿毛寿因为劝燕王姬哙禅让有功，被封为上卿。

燕国子之做国王三年，国内大乱，将军市被与太子姬平合谋攻打子之。齐王派人对燕太子说，我们做你的后盾。燕太子于是进攻子之。国内动乱几个月，死亡达几万人，人心惶惶。此时，齐王见时机成熟，就命章子为大将，率军队征伐燕国。燕国士兵毫无战意，开城投降。齐国便捕获了子之，把他剁成肉酱，燕王姬哙也同时被杀。两个人都是死有余辜，一个是糊涂死的，一个是精明死的！

15

霸王没有举鼎　举鼎的是武王

　　民间有关于"霸王举鼎"的传说。说的是秦末农民起义风起云涌，项羽和叔父项梁在江南起兵。为了扩大力量，项梁派项羽去联络桓楚一起反秦。桓楚趾高气扬地说："你能敌万人，我们就服你，院中有一大鼎，足千斤，你能举得起吗？"项羽先让桓楚手下四名健壮的大汉一起举鼎，然而大鼎像生了根似的丝毫未动。然后，他自己撩起衣襟，大步走到鼎前，握住鼎足，运起力气大喝一声"起"！大鼎被高高举起，而且三起三落。于是，桓楚满口答应一同起义。

西周时期的饕餮纹青铜鼎

　　这只是个传说，不足为信，真正举过鼎的人，历史有记载的是秦武王。秦武王喜好习武较力，大力士任鄙、乌获、孟说都先后做了大官。公元前307年八月，武王和孟说举鼎比力气，用力过猛，结果两目出血，绝膑（折断胫骨），到了晚上，武王气绝而亡。右丞相樗里子追究责任，将孟说五马分尸，诛灭其族。

16

赵主父和布里丹的驴子

有一头驴子，它肚子很饿，而在它面前两个不同方向上等距离地有两堆同样大小、同样种类的料草。驴子犯了愁，由于两堆料草和它的距离相等，料草又是同样香甜，所以它无所适从，不知应该到哪堆料草去享用，于是就在犹豫和愁苦中而饿死在原地了。这是哲学史上著名的故事，"驴"的主人是著名的哲学家布里丹，这个效应叫布里丹效应。这个故事的寓意是深刻的。在我国历史上，就有类似的一则史实。

赵武灵王宠爱幼子赵何，想趁自己在世时立他为国君。公元前299年五月二十六日，赵王在东宫举行盛大仪式，把国君之位传给赵何，就是赵惠文王。赵武灵王自称"主父"。公元前295年，赵主父把长子赵章封到代，号称安阳君。

安阳君赵章对弟弟立为王十分不服，按说自己该是国君啊。赵主父派田不礼做他的国相。赵主父让赵惠文王朝见群臣，自己在旁边窥察，只见当哥哥的赵章反而俯首称臣，无精打采地听高高在上的弟弟赵何训示，心中有些不忍，于是想把赵国一分为二，让赵章在代郡称王，但这个计划还没有最后决定就搁置起来。

赵主父和赵惠文王出游沙丘，分别住在两个行宫里。赵章、田不礼趁机率人作乱，他们假称赵主父的命令召见赵惠文王。公子赵成与李兑从国都邯郸赶来，发动四邑的军队入宫镇压叛乱，打败赵章及田不礼。赵章败退的时候，逃到赵主父那里，赵主父开门接纳了他。公子赵成、李兑于是带兵包围了赵主父的行宫。杀死赵章后，公子赵成、李兑商议道："我们为追杀赵章，竟包围了主父的行宫，如此大罪，要是撤兵回去，会被满门抄斩的！"于是又下令围住赵主父行宫，宣布："宫中人晚出来的杀！"宫中的人听见命令全部逃出，赵主父想出来却不被准许，又得不到食物，只好捕捉幼鸟吃，三个多月后，他被饿死在沙丘行宫中。直到赵主父确死无疑，赵国才向各国报告丧事。

后来公子赵成担任相国，称为安平君；李兑被任命为司寇。当时赵惠文王还年幼，政权都掌握在公子赵成、李兑手中。

起初，赵主父定长子赵章为太子，后来他娶了美女吴娃，十分宠爱，曾经几年不出宫上朝。生下儿子赵何后，便废去太子赵章，立赵何为太子。吴娃死后，赵主父对赵何的偏爱也逐渐减退，又可怜起原来的太子，想立两个王。赵主父就像布里丹的驴子一样总是犹豫不决，所以引起了内乱，自己也和驴子一样，都饿死了！

17

枪打出头鸟

公元前288年十月，秦王自称西帝，怕遭到其余诸侯的反对，就派使者建议齐王立为东帝，想约定两国共同进攻赵国。当时周朝虽然很衰弱了，但是还存在呢，诸侯想称帝，无疑等于造反，是僭越行为，在道义上站不稳脚跟。苏代从燕国前来，齐王便问他："秦国派魏冉来劝我称帝，你的意见如何？"苏代回答说："我建议大王先予以接受，但暂时不称帝。秦王称帝后，天下如果不表示反对，大王再称帝，也不算晚。秦王称帝如果遭到天下指责，大王就不再称帝，趁势收买天下人心，这是个合算的买卖。况且进攻赵国与进攻有夏桀恶名的宋国，哪个有利呢？现在大王不如暂时放弃帝号以使天下归心，然后发兵讨伐'桀宋'，征服宋国后，楚国、赵国、魏国、卫国都会恐惧臣服。这样，我们名义上尊重秦国而让天下去憎恨它，正是齐国反卑为尊的计策。"齐王采纳了他的建议，只称帝两天便放弃了。秦王因为反对的人多，过了不久也去掉帝号，仍旧称王。

有些事只能说不能做，有些事只能做不能说，很多诸侯都想称帝，但是都怕全国人民反对，这时候谁出头谁就受所有人的攻击，枪打出头鸟，最好的办法是静观其变，安享现有的权势。

18

皇帝的称号是秦始皇提出的

秦始皇陵墓的兵马俑

秦国刚统一天下，秦始皇命令丞相、御史说："……我凭着这个渺小之身，兴兵诛讨暴乱，靠的是祖宗的神灵，六国国王都依他们的罪过受到了应有的惩罚，天下安定了。现在如果不更改名号，就无法显扬我的功业，传给后代。请商议帝号。"意思是不和以往的称号一样，大臣们不会放过这么一个绝好的拍马屁的机会。丞相王绾、御史大夫冯劫、廷尉李斯等都说：古代有天皇，有地皇，有泰皇，泰皇最尊贵。我们这些臣子冒死罪献上尊号，王称为"泰皇"。发教令称为"制书"，下命令称为"诏书"，天子自称为"朕"。

秦始皇说："去掉'泰'字，留

下'皇'字，采用上古'帝'的位号，称为'皇帝'，其他就按你们议论的办。"又下令说："我听说上古有号而没有谥，中古有号，死后根据生前品行事迹给个谥号。这样做，就是儿子议论父亲，臣子议论君主了，非常没有意义，我不取这种做法。从今以后，废除谥法。我就叫作始皇帝，后代就从我这儿开始，称二世、三世直到万世，永远相传，没有穷尽。"可惜的是，理想很丰满，现实很骨感，秦朝只传了三世，就"寿终正寝"了！

19

当皇帝好像就是为了享乐

秦末大乱，右丞相冯去疾、左丞相李斯、将军冯劫进谏说："关东各路盗贼纷纷而起，朝廷派兵前去诛讨，杀死的人很多，然而还不能平息。盗贼多都是因为戍边、运输、劳作的事情太劳苦，赋税太重。我们请求暂停阿房宫的修建，减少戍边兵役和运输徭役。"

秦二世认为自己享乐是应该的，说："……人们之所以看重享有天下，就是为了能纵欲而为，尽情享受……虞、夏的君主，地位尊贵，做了天子，却身处穷苦境地，为百姓作出牺牲，这还有什么值得学习呢？天下被称为万乘之主，拥有万辆兵车，我身居万乘之高位，却没有万辆兵车，我要建造千乘之车驾，设立万乘之徒属，让实际跟我的名号相符合……现在我登位两年的时间，盗贼纷起，你们不能禁止，又想要终止先帝所要做的事情。这样做，对上不能报答先帝，其次也是不为我尽忠尽力，你们还凭什么身处高位呢？"

于是把冯去疾、李斯、冯劫下交给狱吏，审讯追究三人的其他罪过。冯去疾、冯劫说："将相不能受侮辱"，于是自杀了。李斯怕死，被囚受刑。公元前207年冬天，赵高担任丞相，终于判决杀了李斯。

20

螳螂捕蝉　黄雀在后

　　秦二世派人以起义者日益逼近的事谴责丞相赵高。赵高恐惧不安，怕自己祸乱朝政的事情泄露，就暗中跟他的女婿咸阳县令阎乐、他的弟弟赵成商量另立天子，改立公子婴。派阎乐带领官兵一千多人借抓盗贼名义进攻皇宫，郎官宦官有的逃跑，有的格斗，格斗的就被杀死，被杀死的有几十人。阎乐前去历数二世的罪状说："你骄横放纵、肆意诛杀，不讲道理，天下的人都背叛了你，怎么办你自己考虑吧！"二世说："我愿意和妻子儿女去做普通百姓，跟诸公子一样。"阎乐说："我是奉丞相之命，为天下人来诛杀你，你即使说了再多的话，我也不敢替你回报。"二世无奈自杀。

　　赵高就立二世兄长的儿子婴为秦王。斋戒五天后，子婴跟他的两个儿子商议说："丞相赵高在望夷宫杀了二世，害怕大臣们杀他，就假装按照道义立我为王。我听说赵高竟与楚国约定，灭掉秦宗室后他在关中称王。现在让我斋戒，朝见宗庙，这是想趁着我在庙里把我杀掉。我推说生病不能前往，丞相一定会亲自来，他来了就杀掉他。"赵高派人来请子婴，前后去了好几趟，子婴却不走，赵高果然亲自来请。说："国家大事，王为什么不去呢？"子婴见赵高前来，于是埋伏人在斋宫杀了赵高，接着杀死赵高家三族。

　　赵高以为杀死秦二世，就可以自己当皇帝了，没想到被秦三世诛杀全族，谁能料到这个结局呢！

21

刘邦如何给自己脸上贴金

刘邦当上皇帝之后，那些史官们在写历史的时候，多多少少都给刘邦的脸上贴金了，或许这是刘邦自己要求的呢！我们来看看史书怎么吹捧的！

先来看刘邦的出生，刘邦未出生之前，他的母亲刘媪曾经在大泽的岸边休息，梦中与神交合。当时雷鸣电闪，天昏地暗，太公正好前去看她，见到有蛟龙在她身上。不久，刘媪有了身孕，生下了高祖——物种不一样，能怀孕吗？古代皇帝一般都宣称是"真龙天子"，刘邦此举是为了向人们宣告，他是"龙的儿子"，不是"人民的儿子"！

成年以后，刘邦当了泗水亭这个地方的亭长，喜欢喝酒，好女色。常常到王媪、武负那里去赊酒喝，喝醉了躺倒就睡，武负、王媪看到他身上常有龙出现，觉得这个人很奇怪。刘邦每次去买酒，留在店中畅饮，买酒的人就会增加，售出去的酒达到平常的几倍——刘邦又变财神了！到了年终，这两家就把记账的简札折断，不再向刘邦讨账，是因为龙的原因，还是因为刘邦是个官员的原因呢？史书说是因为看到刘邦身上有龙出现，没说是怕刘邦是个地痞，还是个有身份的地痞。

后来刘邦起义时，前边有条大蛇挡在路上，众人害怕，刘邦带着醉意赶到前面，拔剑去将大蛇斩成两截，道路打开了。后边的人来到斩蛇的地方，看见有一老妇在哭泣。有人问她为什么哭，老妇人说："有人杀了我的孩子，我在哭他。"有人问："你的孩子为什么被杀呢？"老妇说："我的孩子是白帝之子，变化成蛇，挡在道路中间，如今被赤帝之子杀了，我就是为这个哭啊。"众人以为老妇人是在说谎，正要打她，老妇人却忽然不见了。后面的人赶上了刘邦，那些人把刚才的事告诉了刘邦，刘邦心中暗暗高兴。他高兴估计是因为自己策划的事件达到了想要的效果，那些追随他的人也渐渐地畏惧他了。

古代皇帝都称自己是真龙天子，史书这么记载也是迎合皇帝的意思，我们现在看来，知道那是假的，但在当时确实能糊弄住很多人呢！

22

谁知道哪块云彩有雨呢

刘邦兄弟四人，大哥名伯，伯早就死了。当初刘邦好吃懒做，常常和宾客路过大嫂家去吃饭。大嫂讨厌小叔，小叔和宾客来家时，大嫂假装羹汤已吃完，用勺子刮锅，宾客因此离去。过后看锅里还有羹汤，刘邦从此怨恨大嫂。等到刘邦当了皇帝，分封兄弟，唯独不封大哥的儿子刘信。他父亲为孙子说情，刘邦说："我不是忘记封他，因为他的母亲太不像长辈了。"于是才封她的儿子刘信为羹颉侯，"羹颉"就是形容勺子刮锅的声音，可见刘邦是多么地记恨当年大嫂的行为！

刘邦早年混吃混喝，他的父亲也不看好他，等刘邦当上了皇帝，丞相萧何主持营建未央宫，未央宫建成了。刘邦大会诸

西汉时期的玉龙佩饰

侯、群臣，在未央宫前殿摆设酒宴。刘邦捧着玉制酒杯，起身向他父亲献酒祝寿，说："当初大人常以为我没有才能，无可依仗，不会经营产业，比不上刘仲勤苦努力。可是现在我的产业和刘仲相比，谁的多呢？"殿上群臣都呼喊万岁，大笑取乐。他的父亲也羞愧不堪，当初可是看不上这个小儿子啊，没想到他最后混成皇帝了，谁知道哪块云彩有雨啊？怪只怪自己妄下结论了！

这件事还没完，公元前201年，刘邦每五天朝拜父亲一次，按照一般人家父子相见的礼节。太公的家令劝说太公道："天上不会有两个太阳，地上不应有两个君主。当今皇帝在家虽然是儿子，在天下却是万民之主，太公您在家虽然是父亲，对皇帝却是臣子。怎么能够叫万民之主拜见他的臣子呢！这样做，皇帝的威严就不能遍行天下了。"后来刘邦再去朝见太公，太公就不接受了，刘邦问缘故，太公说："皇帝是万民之主，怎么能因为我而乱了天下的规矩呢！"刘邦就尊奉太公为太上皇，心里赞赏那个家令的话，赐给他五百斤黄金。

23

冒顿爱江山不爱美人

纣王为妲己建酒池肉林，荒废朝政；夏桀因为妹喜喜欢听撕裂绸缎的声音，他就从国库搬出绸缎，叫宫女撕给她听；汉成帝爱看赵飞燕的掌上舞，甚至杀死了自己的儿子——皇帝爱美人不爱江山的真不少，但是也有例外，先看看冒顿是怎么做的吧！

冒顿杀死了自己父亲单于头曼，当了匈奴单于，这时东胡强大兴盛，听说冒顿杀父自立，就派使者对冒顿说，想得到头曼时的千里马。冒顿问群臣，群臣都说："千里马是匈奴的宝马，不要给。"冒顿说："同人家是邻国，何必吝惜一匹马呢？"于是就把千里马给了东胡。过了一段时间，东胡以为冒顿怕

明代画家仇英画昭君出塞远嫁匈奴的故事

他，就派使者对冒顿说，想要单于的一个阏氏（单于夫人的称号）。冒顿又询问左右之臣，左右大臣皆发怒说："东胡没有道理，竟然想要阏氏，请出兵攻打他。"冒顿说："同人家为邻国，怎么可以吝惜一个女人呢？"于是就把自己喜爱的阏氏送给了东胡。

东胡王越来越骄傲，向西进犯侵扰。东胡与匈奴之间有一块空地，没人居住，这地方有一千多里，双方都在这空地的两边修起哨所。东胡派使者对冒顿说："匈奴同我们交界的哨所以外的空地，你们匈奴不能去，我们想占有它。"冒顿征求群臣意见，群臣中有人说："这是被丢弃的空地，给他们也可以，不给他们也可以。"于是冒顿大怒，说："土地，是国家的根本，怎可给他们！"那些说给东胡空地的人都被杀了。冒顿上马，命令国内如有后退者就杀头，于是向东袭击东胡。东胡最初轻视匈奴，因此没做防备。等到冒顿领兵到来，一开战就大败东胡，消灭了东胡王，而且俘虏了东胡百姓，掠夺了牲畜财产。匈奴冒顿归来后，又打跑了西边的月氏，吞并了南边的楼烦和白羊河南王。

很多王侯因为爱美人而丢了江山，而冒顿单于爱江山不爱美人，他知道什么是一个国家的底线！由此可见，冒顿单于是个杰出的政治家！

24

文帝是如何对待老人的

世界人口正在加速老化，我国老龄化进程在加快。我国政府也发布了许多针对老年人的优惠政策，以北京市为例，对待不能完全自理、纯老年户及与残疾子女居住的北京户口60～79岁老年人每月50元。80岁以上老年人每月100元。北京市65岁及以上老年人免费乘坐市域内地面公交车，等等。其实早在汉朝时期，就有针对老年人的惠民政策。

公元前179年，汉文帝下诏救济鳏、寡、孤、独和穷困的人。文帝还下令："年龄八十岁以上者，每月赐给米、肉、酒若干；年龄九十岁以上的老人，另外再赐给帛和絮。凡是应当赐给米的，各县的县令要亲自检查，由县丞或县尉送米上门；赐给不满九十岁的老人的东西，由啬夫、令史给他们送去；郡国二千石长官要派出负责监察的都吏，循环监察所属各县，发现不按诏书办理者给以责罚督促。"

我国是个讲究孝道的国家，在对待老年人上，惠民政策是一脉相承的！

25

汉文帝是个不错的皇帝

公元前179年，有人向汉文帝进献日行千里的宝马。汉文帝说："每当天子出行，前有銮旗为先导，后有属车做护卫，平时出行，每日行程不超过五十里，率军出行，每日只走三十里；朕乘坐千里马，又能单独跑多远呢？"于是，文帝把马还给了进献者，并给他旅途费用；接着下诏说："朕不接受贡献之物。命令全国不必要求前来进献。"

公元前178年，发生日食。文帝命令务必减轻徭役赋税以便利百姓；罢废卫将军；太仆将现有马匹仅留下够朝廷使用的，其余马匹全部拨给驿站使用。

公元前157年六月初一，文帝在未央宫驾崩。文帝留下的遗诏，诏告天下官员百姓：令到以后，哭吊三天，就都脱下丧服；不要禁止娶妻嫁女、祭祀、饮酒、吃肉……后宫中的妃嫔，从夫人以下到少使，都送归母家。

文帝在位二十三年，

汉代画像砖人物拓片

宫室、园林、车骑仪仗、服饰器具等，都没有增加；文帝曾想修建一个露台，召来工匠计算，需花费一百斤黄金。文帝说："一百斤黄金，相当于中等民户十家财产的总和，我居住着先帝的宫室，经常惧怕使它蒙羞，还修建露台干什么呢！"

文帝处处为百姓着想，自己更是很节俭，身穿黑色的粗丝衣服，他宠爱的慎夫人，所穿的衣服不拖到地面；所用的帷帐都不刺绣花纹。文帝时期，国家安宁，百姓富裕，后世很少能做到这一点。正是文帝、景帝时期的节俭，国库丰足，为后来的汉武帝北击匈奴打下了物质基础！

26

古代诸侯王如何朝见天子

朝见天子不是简单的见面谈谈就完事，是有一套烦琐的程序的，很多人不清楚，这里举例介绍一下古代诸侯王是如何朝见天子的。

梁孝王是窦太后的小儿子，很受宠爱。公元前150年十月，梁孝王入京晋见景帝。景帝派使者拿着符节，驾着皇帝乘坐的驷马车，到关前迎候梁王。

诸侯王朝见天子，根据汉朝的制度，应当一共只能见四次。刚到京城时，入宫晋见，谓之"小见"；到了正月初一的清晨，捧着皮垫摆上璧玉向皇帝道贺正月，谓之"法见"；再过三天，皇帝为侯王设下酒宴，赐给他们金钱财物；再过两天，诸侯王又入宫"小见"，然后辞别归国。一共留居长安不过二十天。所谓"小见"，即在宫内不拘大礼相见，饮宴于王宫禁地，这不是一般士人所能进入的。按汉朝的礼仪制度，朝见皇上庆贺正月，通常是一王和四侯一起朝见，十多年才进京一次。

皇家规矩多，即使亲兄弟，见一面也不容易啊！

27

那些年 皇帝追过的男人们

龙阳君生活在公元前243年前后的年间，是魏安釐王的男宠，十分美艳，得宠于魏王。龙阳君是中国正史上第一个有记载的同性恋，龙阳之癖也成了同性恋的代名词。

在汉朝，皇帝们好龙阳之癖的很多，很多皇帝拥有男宠是相当普遍的，在两汉25个刘姓帝王中，记载的有10个皇帝有男宠，其中汉武帝男宠就有五个之多。

汉武帝的宫中受宠的臣子，士人则有韩王的子孙韩嫣，宦官则有李延年。韩嫣是弓高侯韩颓当的庶孙。先前汉武帝做胶东王时，韩嫣同汉武帝一同学书法，两人那时就卿卿我我。等到汉武帝当了太子时，越发亲近韩嫣。韩嫣也善于谄媚。汉武帝即位，想讨伐匈奴，韩嫣就练习匈奴的兵器，其实他也知道自己不会去领兵打仗的，他这么做就是为了讨好汉武帝，结果就是汉武帝越发喜欢他，提拔他升为上大夫。韩嫣常常和汉武帝同睡同起。后来太后觉得这不叫个事儿啊，就派使者命令韩嫣自杀。武帝替他向太后谢罪，但是太后决心让韩嫣死，韩嫣只好自杀了。不过韩嫣"后继有人"，案道侯韩说是他的弟弟，也因谄媚而得到宠爱。

李延年的父母和他以及兄弟姐妹们，原来都是歌舞演员。李延年因犯法被宫刑，然后到狗监任职。武帝的姐姐平阳公主向武帝说起李延年妹妹擅长舞蹈的事，武帝见到李延年的妹妹，心里很喜欢她。待到李延年妹妹被召进宫中后，又召李延年进宫，使他显贵起来。李延年佩带二千石官职的印章，称作"协声律"。他同汉武帝同卧同起，非常显贵，而且受宠爱，和韩嫣受到的宠幸相似。待到他妹妹李夫人死后，武帝对他的宠爱衰减了。后来，因弟弟李季奸乱后宫，汉武帝下诏灭李延年和李季兄弟宗族。

同性恋古今中外都很普遍，虽然现在很多国家规定同性恋合法，但是在我国，大家对同性恋还是持拒绝态度，思想之开化远不及古人呢！

28

汉武帝的人才论

汉武帝喜欢招揽士子文人，常常怕人才不够用；但是性情严厉刻薄，尽管是平日所宠信的群臣，或者犯点小错，或者发现其有欺瞒行为，立即根据法律将其处死，从不宽恕。汲黯劝说道："陛下求贤十分辛苦，但还未发挥他的才干，就已把他杀了。以有限的士子文人，供应陛下的无限诛杀，我恐怕天下的贤才将要丧尽，陛下和谁一同治理国家呢？"汲黯说这番话时非常愤怒，汉武帝笑着解释说："什么时候也不会没有人才，只怕人不能发现罢了，如果善于发现，何必怕无人！所谓'人才'，就如同有用的器物，有才干而不肯充分施展，与没有才干一样，不杀他还等什么！"

汲黯道："我虽无法用言辞说服陛下，但心里仍觉得陛下说得不对，希望陛下从今以后能够改正，不要认为我愚昧而不懂道理。"

江山代有才人出，人才是无止境的，但是不合意就杀掉，这确实有点残酷了！

第二章 当官难 难当官 官官管管 管管官官

在奴隶社会和封建社会，中国是一个"金字塔"式的结构，皇帝高高在上，下面是各级官僚。因为庞大的一个国家，皇帝不可能亲自治理、事必躬亲，必须借助大批的官吏来治理，遍布各个层级、各个州县的官吏，就是君王统治天下的关键。君王并不直接治民，官吏才治民。

俗话说："当官不为民做主，不如回家卖红薯。"一朝为官，就要实践"达则兼济天下"的圣人教诲，为民做主、实干报国，穿得起这身官衣，就要对得起这个官位。其实，做人是做官的前提，只有先把人做好了，才能把官做好。做人是做官与做事的前提，也是做官与做事的保证。

1

皇权最大？有人不服

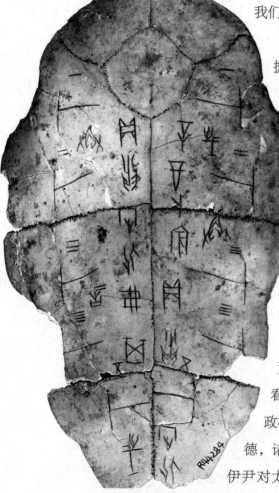

商周时期的甲骨文

在古代奴隶制社会时期，并不是皇权最大，我们来看看一则大臣伊尹的故事。

商朝中壬帝即位四年逝世，伊尹就拥立太丁之子太甲为帝。太甲元年，伊尹为谏训太甲，作了《伊训》《肆命》《徂后》。一个臣子敢于给帝王谏训，可见这个臣子不简单！

太甲帝临政三年之后，昏乱暴虐，百姓怨声载道，伊尹把他流放到汤的葬地桐宫。此后的三年，伊尹代行政务，主持国事，朝会诸侯。

太甲在桐宫住了三年，悔过自责，表示要好好改造，重新做人。伊尹看他表现不错，又迎接他回到朝廷，把政权交还给他。从此以后，太甲帝修养道德，诸侯都来归服，百姓也因此得以安宁。伊尹对太甲帝很赞赏，就作了《太甲训》三篇，赞扬帝太甲，称他为太宗。太宗逝世后，儿子沃丁即位。沃丁临政的时候，伊尹去世了。

在这则故事里，我们看到了一个大臣，竟然有权力流放帝王，有权力教训帝王，并且没有人反对，大家都觉得理所当然，包括帝王也是悔过自新才得以重新执政，伊尹的权势为什么这么大？有后世学者研究，得出结论是，在商朝，从古书和甲骨文的记载来考察，大概存在二头政长制，特点就是：这种二头政长，一个是政治、军事方面的首领，一个是宗教方面的首领，二者相结合，形成了政教合一的国家模式。在商朝初期，成汤掌握着军政大权，伊尹则是大巫师，是神和人之间的媒介，可以代表神说话，以神的名义处罚任何人，包括商王。成汤作为开国之君，掌握着军事政治大权，伊尹的神权受到制约，但成汤死了，伊尹的神权便没有什么人能和他抗衡了。伊尹放太甲，就是在这种背景下发生了。后来由于专制主义王权的概念已经深入人心，人们习惯于用后来的政治格局看待商朝的事，所以这种历史真相就越来越模糊了。

2

防民之口 甚于防川

周厉王暴虐无道，放纵骄傲，国人都公开议论他的过失。召公劝谏说，再这样下去，人民就会反抗你了！厉王听了，就找来一个卫国的巫师，让他来监视那些议论的人，发现一个，杀掉一个。这样一来，议论的人少了，可是诸侯也不来朝拜了。后来厉王更加严苛，国人没有谁再敢开口说话，路上相见也只能互递眼色示意而已。厉王见此非常高兴，告诉召公说："我能消除人们对我的议论了，他们都不敢说话了。"召公说："这只是把他们的话堵回去了。堵住人们的嘴巴，要比堵住水流更厉害。水蓄积多了，一旦决口，伤害人一定会多；不让民众说话，道理也是一样……"厉王不听劝阻。从此，国人都不敢说话。压制越狠，反抗越大，过了三年，国人一起造反，袭击厉王。厉王逃到彘。

公元前841年，召公、周公二辅相共理朝政，号称"共和"。到了公元前828年，厉王死在彘地。太子静在召公家长大成人，二辅相就一块儿扶立他为王，这就是宣王。

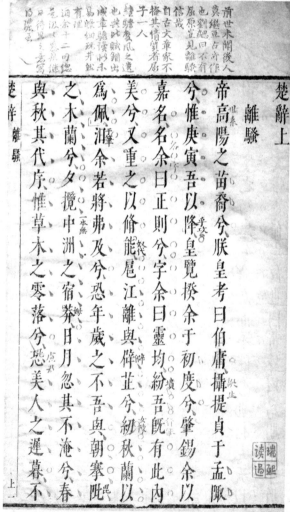

旧本楚辞代表作《离骚》

3

屈原被冤枉
离骚寄衷肠

1944年9月，著名古典文学专家孙次舟教授在《中央日报》发表文章《屈原是文学弄臣的发疑》，指出了屈原和怀王是同性恋者，当时文坛引起一片哗然，真是亵渎了伟大的爱国诗人。

屈原名平，和楚国王室是同姓一族，也算是皇室宗亲，因为这个，他担任楚怀王的左徒。屈原学识渊博，对国家存亡兴衰的道理非常了解，对内接人待物，制定政令；对外接待各国使节，处理各诸侯国的外交事务都做得不错，因此，楚怀王对他非常信任。

不怕没好事，就怕没好人，这时有个上官大夫，他和屈原职位相同，他为了能得到楚怀王的宠信，很嫉妒屈原的才能。有一次，楚怀王命屈原制定国家法令，屈原刚写完草稿，还没最后修定。上官大夫见到之后想以自己名义上献给怀王，屈原不肯给他。上官大夫就和楚怀王说屈原的坏话："大王您让屈原制定法令，上下没有人不知道这件事，每颁布一条法令，屈原就自夸其功，说是'除了我之外，谁也做不出来'。"楚怀王听了，不辨是非，非常生气，因此就对屈原疏远了。

屈原知道这件事后，对于楚怀王不能分辨是非，听信谄媚之徒的话，感到万分痛心，忧愁苦闷之际写成《离骚》。所谓"离骚"，就是遭遇忧患之意。其实任何朝代都不乏小人，关键如何应对小人，这是一个大的研究课题！

4

平时烧高香　难时有人帮

公元前622年，晋国大臣赵盾主持政务。第二年八月，晋襄公逝世。赵盾和各位大臣立了太子夷皋，这就是晋灵公。

公元前607年，晋灵公也长大了，由于没人管教，性情偏激，生活奢侈。没事就从高台上用弹弓弹人，以观赏人们避开弹丸而取乐。假如厨师没把熊掌煮烂，灵公就发怒，杀死厨师。赵盾、随会前去多次劝告，灵公根本不听。灵公也担心他们权势太大，会废黜自己，提前下手，派刺客刺杀赵盾。没成功，又生一计。假意宴请赵盾，然后埋伏好士兵，准备杀死他。无巧不成书，当初，赵盾常在首山打猎，曾看到桑树下有个快饿死的人示（qí，音其）眜明[1]。

---

[1] 注："示眜"为"祁弥"，即《左传》中的"提弥明"，示眜明、祁弥明是同一人，古音相同，写法不同。

赵盾给了他一些食物，让他养活自己和母亲，示眯明很感激。不久，示眯明做了晋君的厨师，但赵盾不知道示眯明做晋君厨师一事。

示眯明知道灵公的阴谋后，恐怕赵盾酒醉起不来身，于是上前劝说赵盾："君王赏赐您酒，只喝三杯就可以了。"想让赵盾赶紧离开免于遭难。赵盾预感不妙，提前离席，灵公埋伏的士兵还未集合好就先放出一条恶狗。示眯明替赵盾徒手杀死了狗。过了一会儿，灵公才整顿好士兵去追赶赵盾，示眯明反击灵公的士兵，使得赵盾终于逃脱。赵盾问示眯明为什么救自己，示眯明说："我就是桑树下那个饿汉。"赵盾询问他的姓名，他没有说，后来示眯明隐居起来了。

赵盾一个小善举，没想到给他带来救命之恩，这也提醒我们：做人要平时多烧香，难时才有人帮啊！

5

受人之托 忠人之事

公元前594年，楚庄王讨伐宋国，宋国向晋国告急。晋景公想派军救助宋国，找到一位送信的人叫解扬。晋君让解扬欺骗楚国，让宋国不要投降。

解扬路过郑国，郑国和楚国关系亲密，就逮捕解扬献给楚国。楚王先礼后兵，赏赐给解扬一份厚礼并与他立约，让他说反话，叫宋国赶快投降，经过威逼利诱，解扬勉强答应。于是楚王让解扬登上观望敌军的巢车，让他向宋军喊话。但解扬传达了晋君给他的命令，大声喊："晋国正聚集全国的军队来援救宋国，宋国虽然形势紧迫，但千万不要投降楚国，晋军马上就要赶到了！"楚王一听非常生气，要杀死解扬，说："你已经答应了我，尔后又背叛，你的信用在哪儿呢？"解扬说："我根本没有失信，作为晋臣的我如果取信于你楚王，必然失信于晋君。假如楚国有一位大臣公然背叛自己的主子，取悦于他人，你说这是守信用还是不守信用呢？我无话可说，只求一死，以此来说明楚国对外讲信用，对内则无信用可言！"这番话让楚王进也不是，退也不是，正好楚王的弟弟们都进谏，于是楚王顺坡下驴，就赦免了他，让他回晋国。解扬立了大功，晋国授予解扬为上卿。

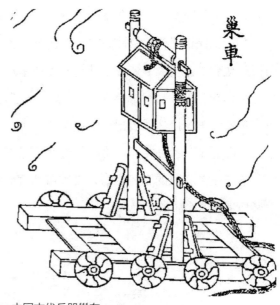

中国古代兵器巢车

6

施政教民要疏导而不是教导

楚国国相虞丘把孙叔敖举荐给楚庄王，孙叔敖为官三月就升任国相，因为他施政教民，顺势而为，疏导而不教导。秋冬两季就鼓励人们进山采伐林木，春夏时便借上涨的河水把木材运出山外。百姓各有便利的谋生之路，都生活得很安乐。

楚庄王认为楚国原有的钱币太轻，就下令把小钱改铸为大钱，百姓用起来很不方便，孙叔敖就向庄王劝谏说："先前更改钱币，是认为旧币太轻了。现在市令来报告说'市场混乱，百姓无人安心在那里谋生，秩序很不稳定'。我请求立即下令恢复旧币制。"庄王也知道要顺着百姓的意思来，否则当谁的帝王去啊，于是同意了，颁布命令才三天，市场就恢复了原貌。

楚国的民俗是爱坐矮车，楚王认为矮车不便于驾马，想下令把矮车改高。国相孙叔敖说："政令屡出，使百姓无所适从，这不好。如果您一定想把车改高，臣请求让乡里人家加高门槛。乘车人都是有身份的君子，他们不能为过门槛频繁下车，自然就会把车的底座造高了。"楚王答应了他的请求。过了半年，上行下效，老百姓都自动把坐的车子造高了。

这就是孙叔敖的顺势而为，百姓自然就顺从了他的教化，其实，真正的政治家都是会这么做的。

战国时期楚国的钱币

7

渎职就是犯罪 理应承担后果

石奢是楚昭王的国相,为人正直廉洁。一次出去巡查,听到有凶手杀人,追捕到的凶犯竟是自己的父亲。他考虑再三,放走父亲,归来便把自己囚禁起来。他派人告诉昭王说:"杀人凶犯,是为臣的父亲。若以惩治父亲来树立政绩,这是不孝;若废弃法度纵容犯罪,又是不忠;因此我该当死罪。"昭王说:"你追捕凶犯而没抓获,不该论罪伏法,你还是去治理国事吧。"石奢说:"不偏袒自己父亲,不是孝子;不遵守王法,不是忠臣。您赦免我的罪责,是主上的恩惠;服刑而死,则是为臣的职责。"于是石奢不听从楚王的命令,自杀而死。

李离是晋文公的法官。他听察案情有误而枉杀人命,发觉后就把自己拘禁起来判以死罪。文公说:"官职贵贱不一,刑罚也轻重有别。这是你手下官吏有过失,不是你的罪责。"李离说:"我官职是长官,不曾把高位让给下属;我领取的官俸很多,也不曾把好处分给他们。如今我听察案情有误而枉杀人命,却要把罪责推诿于下级,这样是不对的。"文公反说:"你认定自己有罪,那么我也有罪吗?"李离说:"法官断案有法规,错判刑就要亲自受刑,错杀人就要以死偿命。您因为臣能听察细微隐情事理,决断疑难案件,才让我做法官。现在我听察案情有误而枉杀人命,应该判处死罪。"于是不接受晋文公的赦令,自刎而死。

错就是错,不能将功抵过,这是两码事,可惜后世人们将之混淆了。

8

有口才的人一定是人才

　　燕文侯去世，燕易王登位，齐宣王趁着燕国发丧之机，攻打燕国，一连攻克了十座城池。易王对苏秦说："从前先生到燕国来，先王资助您去见赵王，于是才约定六国合纵。如今齐国首先进攻赵国，接着又打到燕国，您能替燕国收复侵占的国土吗？"苏秦表示尽力而为。

　　苏秦见到齐王，拜了两拜，弯下腰去，向齐王表示庆贺；仰起头来，又向齐王表示哀悼。齐王说："为什么庆贺和哀悼相继这么快呢？"苏秦说："我听说饥饿的人，宁愿饥饿而不吃乌头这种有毒植物的原因，是它越是能填满肚子越意味着死得更快！现在，燕国虽然弱小，但燕王是秦王的女婿。大王占了他十座城池的便宜却长久地和强秦结成仇怨。如今，弱小的燕国像大雁前面飞，强大的秦国跟在它的后面做掩护，您现在等于招致天下最精锐的部队攻击你，这和吃乌头是相类似的啊。"齐王的脸色一下子变了，赶紧询问该怎么办。苏秦就劝齐王说，不如立即归还燕国的十座城池。燕国白白地收回十城，一定很高兴。秦王知道因为他的关系而归还燕国的十城，也一定很高兴。燕国、秦国都来奉事齐国，那么大王对天下发出的号令，没有敢不听的。这是称霸天下的功业啊！

　　齐王以为苏秦说得对，于是就归还了燕国的十座城池。苏秦真是好口才，不战而屈人之兵啊！凭借一张嘴就获取了十座城池，古代说客的威力不容小觑啊！

9

心涌波涛 面静如水

赵、魏两国进攻韩国的华阳。韩国向秦国求救，秦国不来援救。韩国相国对陈筮说，您德高望重，希望您出使秦国。陈筮知道事情紧急，就到秦，先见到穰侯魏冉。穰侯说："是不是事情很紧急了啊！所以才派你来。"陈筮虽然内心着急，但是不能表现出来，否则就失去了谈判的主动性，于是说："不着急！"穰侯发怒道："如果这样，你的君主还能派你做使臣吗？你们的使臣来来往往，都是来向我们告急的，你来了却说不急，为什么？"陈筮平淡地说："韩国如果真的危急，就要改变政策去追随其他国家，因为还没到危急的时候，所以我才来了。"穰侯一听，知道事情如果发展下去，后果很严重，就会失去韩国这个盟友，那将使秦国直接面对赵、魏的军队，于是说："你不必去见秦王了，现在我立即发兵救援韩国。"过了八天，秦军赶到，在华阳山下打败赵军和魏军。这件事也告诉我们，求人办事，不能一味地乞求，要讲求策略，以退为进，否则会事倍功半！

10

下属不参与尊长的事

魏文侯问李克："先生曾经说过：'家贫思良妻，国乱思良相。'现在我选相不是魏成就是翟璜，这两人怎么样？"李克回答说："下属不参与尊长的事，外人不过问亲戚的事。臣子我在朝外任职，不敢乱说话。"魏文侯说："先生不要推让，有话可以直说。"李克说道："国君您没有仔细观察呀！看人，平时看他所亲近的，富贵时看他所交往的，显赫时看他所推荐的，穷困时看他所不做的，贫贱时看他所不取的。仅此五条，就足以去断定人，又何必要等我指明呢！"魏文侯说："先生请回府吧，我的国相已经选定了。"

李克离去，遇到翟璜。翟璜问："听说今天国君召您去征求宰相人选，到底定了谁呢？"李克说："魏成。"翟璜立刻愤愤不平，很生气地说："西河守令吴起，是我推荐的。国君担心内地的邺县，我推荐西门豹。国君想征伐中山国，我推荐乐羊。中山国攻克之后，没有人去镇守，我推荐了先生您。国君的公子没有老师，我推荐了屈侯鲋。凭耳闻目睹的这些事实，我哪点儿比魏成差！"

李克说："你把我介绍给你的国君，难道是为了结党以谋求高官吗？国君问我宰相的人选，我说了刚才那一番话。我之所以推断国君肯定会选中魏成为相，是魏成享有千钟的俸禄，十分之九都用在外面，只有十分之一留作家用，所以向东得到了卜子夏、田子方、段干木。这三个人，国君都奉他们为老师；而你所举荐的五人，国君都任用为臣属。你怎么能和魏成比呢！"翟璜听罢知道自己才识比不上魏成，很惭愧，一再行礼向李克谢罪。

11

用人避其短用其长

公元前377年，孔伋（字子思，孔子嫡孙）向卫国国君推荐苟变说："他的才能可统领五百辆战车。"卫侯说："我知道他是个将才，然而苟变做官吏的时候，有次征税吃了老百姓两个鸡蛋，所以我不用他。"孔伋一听，感觉卫国国君太斤斤计较了，就说："圣人选人任官，就好比木匠使用木料，取其所长，弃其所短；因此一根合抱的良木，只有几尺朽烂处，高明的工匠是不会扔掉它的。现在国君您处在战国纷争之世，正要收罗锋爪利牙的人才，却因为两个鸡蛋而舍弃了一员可守一城的大将，这事可不能让邻国知道啊！"卫侯听了，才知道自己错了，一再拜谢孔伋。

用人用其长，避其短，因为人没有完美的。齐国攻打鲁国，鲁国想任用吴起为将，但吴起娶的妻子是齐国人，鲁国猜疑吴起。于是，吴起杀死了自己的妻子，求得大将，大破齐国军队。有人在鲁国国君面前诋毁他。吴起恐怕鲁国治他的罪，又听说魏文侯贤明，于是就前去投奔。魏文侯征求李克的意见，李克说："吴起为人贪婪而好色，然而他的用兵之道，连齐国的名将司马穰苴也超不过他。"于是魏文侯任命吴起为大将，结果吴起攻击秦国，攻占五座城。

挽弓当挽强，用人当用长，若求完美故，事业早荒凉！

12

让那些士兵给周筑城

公元前273年，秦国攻破了魏国的华阳。周朝的大臣马犯见有机可乘，就对周君说："我能让梁国给周筑城。"周君很高兴，就派他前去。马犯去对梁王说："周王病了，如果他真的死了，我也一定活不成。请让我把九鼎献给大王，您拿到了九鼎之后希望能想办法救我。"当时谁拥有了九鼎，就意味着谁拥有了天下，要不后世也不会有"问鼎中原"的成语！梁王很爽快地答应了，于是给他一批士兵，声称是去保卫周国。

马犯又去对秦王说："梁并非是想保卫周，而是要攻打周。您可以派兵到国境去看看。"秦果然出兵。马犯又去对梁王说："周王病好了，九鼎的事没有办成，请您让我在以后找适当的机会再献九鼎吧。但是现在您已经派兵到周去了，诸侯都起了疑心，怀疑您要伐周，以后您办事将不会有人相信了。不如让那些士兵为周筑城，借此把诸侯怀疑您要伐周的事端盖住。"梁王只好答应，于是就让那些士兵给周筑城。马犯出游一圈，就为国家出了大力，这才是身为臣子应该做的事情！

西周厚趠方鼎

13

设置诸侯没有好处

　　丞相王绾等向秦始皇进言说：
"诸侯刚刚被打败，燕国、齐国、楚
国地处偏远，不给它们设王，就无法
镇抚那里。请封立各位皇子为王，希
望皇上恩准。"始皇把这个建议下交
给群臣商议，群臣都认为这样做有利。
廷尉李斯发表意见说："周文王、周武王
分封子弟和同姓亲属很多，可是他们的后代逐
渐疏远了，互相攻击，就像仇人一样，诸侯之间彼

秦代半两钱

此征战，周天子也无法阻止。现在天下靠您的神灵
之威获得统一，都划分成了郡县，对于皇子功臣，用公家的赋税重重赏赐，这
样就很容易控制了。要让天下人没有邪异之心，这才是使天下安宁的好办法
啊。设置诸侯没有好处。"

　　秦始皇也很明智，知道分封诸侯对中央政权不利，于是下令说："以前，
天下人都苦于连年战争无止无休，就是因为有那些诸侯王。现在我依仗祖宗的
神灵，天下刚刚安定。如果又设立诸侯国，这等于又是挑起战争，想要求得安
宁太平，岂不困难吗？廷尉说得对。"于是把天下分为三十六郡。每郡都设置
守、尉、监。改称人民为"黔首"。

　　秦始皇的这项举措，一直延续到今天，这项措施为中华的统一作出了很大
的贡献，否则，到处都是诸侯国，中华早四分五裂了！

14

好的制度就要延续下去

在两汉的民谣中，有许多歌颂官员勤政爱民的歌谣。"萧何为法，讲若画一。曹参代之，守而勿失。载其清静，民以宁壹。"这是西汉初年歌颂萧何、曹参两位丞相先后为政，无为而治，人民不受干扰，生活安定。

公元前193年，萧何去世。推举接替自己的贤能之人是曹参。曹参接替做了相国后，所有的条令都不做变更，一律遵照萧何当年的规定。他挑选各郡各封国中为人质朴、不善言辞、敦厚的长者，召来任命为丞相的属官。对那些言谈苛刻、专门追名逐利的官员，都予以斥退。然后曹参日夜只顾饮酒。卿、大夫以下的官员及宾客见他不管政事，来看望时都想劝说，曹参却总是劝他们喝酒；喝酒间隙中再想说话，曹参又劝他们再喝，直到喝醉了回去，始终没机会开口劝说。这样的情况成为常事。曹参见到别人犯有小错误，也一味包庇掩饰，相国府中终日无事。

南京市博物馆藏品元代青花瓷梅瓶上的萧何月下追韩信图

曹参的儿子曹窋任中大夫之职，汉惠帝向他埋怨曹参不理政事，让曹窋回家时问问曹参为啥不作为。曹参听了大怒，鞭打了曹窋，呵斥："滚回去，国家大事你知道个屁！"到上朝时，汉惠帝责备曹参说："那天是我让曹窋劝你的。"曹参立即谢罪，说："陛下自己认为比高祖如何？"惠帝说："朕哪里敢比高祖啊！"曹参又问："陛下再看我的才能比萧何谁强？"惠帝说："你好像不如他。"曹参便说："是啊！高祖刘邦与萧何平定天下，法令已经明确。如今陛下垂手治国，我们臣下恭谨守职，大家认真遵守不去违反旧时法令，不就够了吗！"惠帝一想也是，既然上辈子传下来的制度很好，为什么不去遵守呢？

很多官员刚上任就想烧三把火，好像不烧三把火就体现不出来他是个新官，根本不考虑民情民意，也不考虑是否祸害百姓，这样的官员愧对那身官衣。

15

农业　是天下的根本

贾谊对汉文帝说："现在，脱离农桑本业而从事工商业的人太多了。这是危害天下的一大流弊；追求奢侈的风俗，日益增长，这是危害天下的一大公害。天下财富，生产的人很少而挥霍的人却很多，怎能不枯竭……假若不幸出现了方圆二三千里的大面积旱灾，国家靠什么去救济百姓？突然间边境有紧急情况，征调数十百万将士，国家用什么供应军需？战争和旱灾同时发生，国家财力无法应付，就会天下大乱……如果国家积贮了大量粮食而钱财有余，还有什么办不成的事情……现在如果驱使民众归返农事，都依附于土地，让天下人都从事生产满足本人生活需要，让工商业者、游民都改为从事农耕，那么，国家就会有充裕的积贮，百姓就会安居乐业了。"

通俗前後漢演義之九

文帝耕田

1983年出版的小人书《文帝耕田》

文帝也知道贾谊的话十分有道理，于是下诏举行"籍田"仪式，皇帝亲自耕作，为天下臣民作出表率。后来文帝下诏说："农业，是天下的根本，百姓依靠它而生存；有的百姓不从事农耕的本业，却去从事工商末业，所以百姓生活艰难。朕对此甚为担忧，所以现在亲自率领群臣从事农业耕作，以提倡重视农业；今年只向天下百姓征收田租的一半。"

农业是根本，古今亦然，即使工商创造出的价值大于农业，但是也不要动摇了农业这个根本！

16

不能让老实人吃亏

卫绾靠在车上表演杂技而做了侍卫皇帝的郎官，侍奉文帝。由于不断立功依次升迁为中郎将，除了忠厚谨慎一无所长。这类人在如今很多，属于典型的老实人之列，怎么对待这类老实人是个问题，我们看看古人是怎么做的。

文帝临死时嘱咐景帝说："卫绾是年高望重的人，你要好好对待他。"等

到文帝死去，景帝即位，景帝一年多没
责斥过卫绾，卫绾只是一天比一天更谨
慎地尽责。

卫绾属下的郎官犯了错误，他常常
代他们受过，不和其他的人去争辩；有
了功劳，常常谦让给他人。皇帝认为他
品行方正，对自己忠诚没有杂念，就任
命他做了河间王刘德的太傅。吴楚七国
之乱时，皇帝任命卫绾做了将军，率领
河间王的军队攻打吴楚叛军有功，任命
他做了中尉。过了三年，因为战功，在
公元前151年受封为建陵侯。

后来景帝任命胶东王刘彻做了太
子，征召卫绾做太子太傅。又过较长时
候，升迁为御史大夫。过了五年，代替
桃侯刘舍做了丞相，在朝廷上只奏报职
分内的事情。

不过老实人有个特点就是没有功
劳，只有苦劳，从卫绾做官起直到他位
列丞相，终究没有什么可称道或指责之
处。好在皇帝认为他敦厚，可以辅佐少
主，对他很尊重宠爱，赏赐的东西很多。

汉景帝墓出土的文物

不让老实人吃亏，这是古代皇帝做的。如今在职场上，让老实人吃亏的事
情多了去了，今人的做法还不如古人呢！

17

不能让刀笔之吏身居公卿之位

汲黯时常和张汤争辩，他曾怒不可遏地骂张汤说："天下人都说绝不能让刀笔之吏身居公卿之位，果真如此。如果非依张汤之法行事不可，必令天下人恐惧得双足并拢站立而不敢迈步，眼睛也不敢正视了！"

汲黯因犯小法被判罪，适逢皇上大赦，他仅遭免官，汲黯就归隐于田园。过了几年，遇上国家改铸五铢钱，老百姓很多人私铸钱币，楚地最严重。汉武帝认为淮阳郡是通往楚地的交通要道，就征召汲黯任他为淮阳郡太守。汲黯向皇上告别后，又去探望大行令李息，他说："我被弃置于外郡，不能参与朝廷的议政了。可是，御史大夫张汤他的智巧足以阻挠他人的批评，奸诈足以文饰自己的过失，他一心去迎合主上的心思，而不考虑天下人的安危，皇上不想要的，他就顺其心意诋毁；皇上想要的，他就跟着夸赞。您位居九卿，若不及早向皇上进言，您和他都会被诛杀的。"李息害怕张汤，始终没有向汉武帝进谏。

汲黯治理郡务，一如往昔，淮阳郡政治清明起来。后来，张汤果然身败名裂。武帝得知汲黯当初对李息说的那番话后，判李息有罪，诏令汲黯享受诸侯国相的俸禄待遇，依旧掌管淮阳郡。

刀笔之吏一般都是阴狠毒辣之人，这类人身居高位，容易睚眦必报，不利于大局，更不利于政治稳定！

18

花言巧语者不可靠

提起贪官，大家首先想到的是清朝的和珅。那和珅又是怎么成为皇帝红人的呢？这里有个故事：和珅当时是御前侍卫，有一次护驾过程中，忽然有人报告，"南方有犯人越狱了"。乾隆坐在轿内有点发怒，用《论语》的一句话问道："虎兕出于柙，龟玉毁于椟中，孰之过？"见周围无人答话，乾隆又呵斥道："孰之过？"这时站在外面的和珅也用《论语》小声答了一句："典守者不能辞其责尔！"乾隆一惊，心想是谁对答如此工整，就把和珅叫到帐前，问了其他一些问题，和珅对答如流，自此，乾隆开始欣赏和珅，结果培养出了中国历史上著名的大贪官。其实类似的事情汉朝早就出现过，我们看看当时的皇帝是怎么处理同样的事情的。

文帝很赞赏廷尉张释之，就任命他做了谒者仆射。一次，张释之跟随汉文帝出行，登临虎圈，汉文帝询问书册上登记的各种禽兽的情况，问了十几个问题，上林尉只能东瞧西看，全都不能回答。看管虎圈的啬夫从旁代上林尉回答了皇帝提出的问题，答得极周全。想借此显示自己回答问题得体，也显示自己知道得多。汉文帝说："做官吏不该像这样吗？上林尉不可依靠。"于是命令张释之让啬夫做上林尉。张释之过了一会儿才上前说："陛下认为绛侯周勃是怎样的人呢？"文帝说："是长者啊！"又问："东阳侯张相如是怎样的人呢？"文帝再一次回答说："是个长者。"张释之说："绛侯与东阳侯都被称为长者，可这两个人议论事情时都不善于言谈。陛下现在这样做，难道让人们去效法这个喋喋不休伶牙俐齿的啬夫吗？陛下因为啬夫伶牙俐齿就越级提拔他，我想恐怕天下人都会追随这种风气，争相施展口舌之能而不求实际……陛

55

下做事不可不审慎啊！"文帝听了觉得很有道理，就取消原来的打算，不再任命啬夫为上林尉。

19

有法可依 还需执法必严

法律是来约束犯罪的，有了法律条文就要严格遵守，触犯了法律也不要搞加减法，是什么刑法就执行什么刑法，有法可依，还需执法必严。

一次，汉文帝出巡，在经过长安城北的中渭桥时，突然有一个人从桥下跑了出来，皇帝车驾的马受了惊。后来此人被交给了廷尉张释之。张释之审讯那

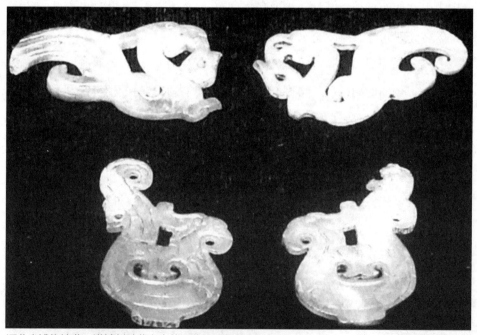

河北省博物馆藏，满城刘胜墓出土的汉代玉石佩饰

个人。那人说："我是长安县的乡下人，听到了清道禁止人通行的命令，就躲在桥下。过了好久，以为皇帝的队伍已经过去了，就从桥下出来，一下子看见了皇帝的车队，马上就跑起来。"张释之向皇帝报告说他触犯了清道的禁令，应处以罚金。文帝发怒说："这个人惊了我的马，幸亏我的马温顺，要是别的马，说不定就摔伤了我，可是你才判处他罚金！"张释之解释说："法，是天下公共的。这一案件依据现在的法律就是这样定罪；加罪重判，法律就不能取信于民众。况且，在他惊动马匹之际，如果皇上派人将他杀死，也就算了。现在已把他交给廷尉，廷尉是天下公平的典范，只有依法办事，假如没有标准了，百姓就不知道该怎么做了！请陛下深思。"文帝思虑半晌，说："廷尉的判决是对的。"

后来，有人偷了高祖庙神座前的玉环，被抓到了，文帝发怒，交给廷尉治罪。张释之按法律所规定偷盗宗庙服饰器具之罪奏报皇帝，判处死刑。文帝认为这人该灭族。张释之说："依照法律这样处罚已经足够了。况且在罪名相同时，也要区别犯罪程度的轻重不同。现在他偷盗祖庙的器物就要处以灭族之罪，万一有愚蠢的人挖长陵一抔土，陛下用什么刑罚惩处他呢？"过了一些时候，文帝和薄太后谈论了这件事，才同意了廷尉的判决。因为张释之执法论事公正，得到天下人的称赞。

20

没学问该如何做官

一般当官的都是靠才识上去的，但是也有不少是凭关系上去的，这些没有能力的人该如何把官位坐稳当呢？

当初，汉景帝因为太子太傅石奋及其四个儿子，都有二千石的俸禄，就总计他一门父子五人的俸禄之和，称石奋为"万石君"。

万石君知道自己没有文才没有学问，所以他有个保身妙方，就是恭敬谨慎没有人可以与他相比。子孙做小官，回来看望他，万石君必定身穿朝服以礼相见，不叫他们的名字。子孙有了过错，他不加以责备，只是去厢屋中，以绝食抗议。他的儿子们互相批评。有过失的人通过长辈人来求情，前来请罪，表示一定要改正，石奋才答应他的要求而进餐。已经成年的子孙在身边，石奋即使闲居无事，也必定衣冠整齐。子孙遵循他的教导，都以孝顺谨慎闻名于各地。石奋明白：没才学在官场就要学会低调和谨慎，否则祸事就不远了。

等到赵绾、王臧因有文采学问却犯了罪，窦太后就认为儒生富于文采却欠缺质朴，现在万石君一家人不多说话却能身体力行，就任命他的大儿子石建担任郎中令，任命他的小儿子石庆担任内史。石庆曾担任太仆，为武帝驾车外出，武帝问有几匹马拉车，石庆举起马鞭一一点数马匹后，举起手来回答："有六匹马。"石庆在石奋的儿子中是最为随便的，做事还如此恭敬谨慎。小心驶得万年船，小心点总没错的。

1902 年，文光堂老版本《山海经》

21

汲黯官位难久居

汲黯与人相处很傲慢，不讲究礼数，喜欢当面顶撞人，容不得别人的过错。与自己心性相投的，他就亲近友善；与自己合不来的，就不耐烦相见，士人也因此不愿依附他。但是汲黯好学，很注重志气节操。入朝，喜欢直言劝谏，屡次触犯皇上的面子。物以类聚人以群分，他与灌夫、郑当时和宗正刘弃交好。他们也因为多次直谏而不得久居其官位。

汉武帝正在招揽文学之士和崇奉儒学的儒生，说我想要如何如何，汲黯便答道："陛下心里欲望很多，只在表面上施行仁义，怎么能真正仿效唐尧虞舜的政绩呢！"汉武帝沉默不语，心中恼怒，脸一变就罢朝了，公卿大臣都为汲黯惊恐担心。汉武帝退朝后，对身边的近臣说："太过分了，汲黯太愚直！"群臣中有人责怪汲黯，汲黯说："天子设置公卿百官这些辅佐之臣，难道是让他们一味屈从取容，阿谀奉迎，将君主陷于违背正道的窘境吗？何况我已身居九卿之位，纵然爱惜自己的生命，但要是损害了朝廷大事，那可怎么办！"

汲黯身体不好，经常生病，最后一次病得很厉害，庄助替他请假，武帝问道："汲黯这个人怎么样？"庄助说：汲黯能辅佐年少的君主，坚守已成的事业，不怕威逼利诱，没有人能让他屈服。汉武帝也有同感，对汲黯评价很高，说：古代有所谓安邦保国的忠臣，汲黯和他们很类似！

22

王子犯法难与庶民同罪

济南宗族共有三百多家，他们横行霸道，欺男霸女，济南太守不能治服他们，于是汉景帝就任命郅都当济南太守。郅都来到济南郡所，就把很多家族首恶分子的全家都杀了，其余宗族坏人都吓得老实了很多。过了一年多，济南郡路不拾遗，因为坏人都老实了，没人敢犯法！周围十多个郡的郡守畏惧郅都就像畏惧上级官府一样。

郅都不仅执法严格，而且为人很不错。他为人勇敢，公正廉洁，不开私人求情的信，送礼也不接受，私人的请托他不听，是一位正直守节的官员。

郅都调升中尉之官，执法不畏避权贵和皇亲，连列侯和皇族之人见到他，都要侧目而视，称呼他为"苍鹰"。

故宫中的正大光明匾

公元前148年三月，临江王刘荣因为修建宫室侵占了宗庙前空地上的围墙而犯了罪，景帝征他去中尉府接受审问。临江王想要写字用的刀笔，以写信向景帝谢罪，而中尉郅都禁止官吏提供刀笔。魏其侯派人把刀笔送给了临江王刘荣。刘荣写完了向景帝谢罪的信之后，就自杀了。窦太后听说了这件事，很恼怒；后来就加以严重的罪名，把郅都杀死了。这就是封建时代的悲哀，王子犯法很难与庶民同罪，即使你想主持正义，但是触犯了最高层的利益，下场会很悲惨！

23

乱世需要重典

汲黯因触犯法律被免职，汉武帝任命定襄太守义纵为右内史，河内太守王温舒为中尉。

先前，宁成担任函谷关都尉时，官吏百姓出入此关的都说："宁愿碰到正在喂奶的母老虎，也别遇上宁成发怒。"及至义纵被任为南阳太守，途经函谷关，宁成在迎、送时都恭敬地走在旁边。义纵到郡接任后，便调查宁氏一家的罪状，将其满门抄斩，南阳郡的官吏百姓十分震恐，不过也佩服义纵的胆识和执法严酷。后来义纵改任定襄太守，一到任，就突然封闭了定襄监狱，将狱中轻、重人犯二百余人，及私自入狱探视的犯人有二百余人，一起逮捕，宣判他们犯有"为死罪囚犯私自解脱枷镣"的罪名；当天将这四百余人全部判决处死，从此郡中人人不寒而栗，个个遵纪守法。

王温舒开始做广平都尉时，在郡中挑选了十几名胆大凶悍的官吏充当爪牙，办好他想办的事的人，尽管此人犯过许多罪，也不处罚；如不能尽心尽力地为他办事，王温舒就根据此人的旧事杀他，甚至灭族。也就是把有问题

清末戴木枷的犯人

的人控制着使用，这些人都尽心尽力地为朝廷卖命！当时，齐国、赵国野外的盗贼都不敢靠近广平，使广平郡的治安良好，有"道不拾遗"的美誉。盗贼也不傻，去了就是死，谁会去白白送死啊！王温舒后调任河内太守，九月到任，命郡中为他准备五十匹传送信件的驿马，然后搜捕郡中奸猾之徒，相互牵连的有一千余家。王温舒奏请朝廷：罪大的诛杀全族，罪小的本人处死，其家产全部没收以抵往日的赃物。

奏章送走不过两三天，就得到朝廷的批准，于是对案件进行判决，致使血流十余里，河内郡的人们对他传送奏章的神速惊骇不已。到十二月底，郡中无人敢出声，无人敢夜间出门，乡村中也听不到因有人偷盗而引起的狗叫声。

汉武帝听说义纵和王温舒的所作所为，认为二人都很有才干，所以将他们提升为中二千石官。乱世需要重典，否则，一乱再乱，国将不国了！

24

国君认为对的就写成法律

古代封建社会，虽然也有执法必严的事情，但都是秉承皇帝的意思，因为整个国家都是皇帝的，一切都要看皇帝的意思行事，这也是封建社会的局限性吧！

杜周当廷尉时，善于窥测皇上的意图。皇上想要排挤的，就趁机加以陷害；皇上想要宽释的，就长期囚禁待审，暗中显露他的冤情。门客有人责备杜周说："为皇上公平断案，不遵循五尺法律，却专以皇上的意旨来断案。法官本来应当这样吗？"杜周说："三尺法律是怎样产生的？从前的国君认为对的就写成法律，后来的国君认为对的就记载为法令。适合当时的情况就是正确的，何必要遵循古代法律呢？"

杜周中途被罢官，后来当了执金吾，追捕盗贼，逮捕查办桑弘羊和卫皇后兄弟的儿子，严苛酷烈，天子认为他尽职而无私，升任御史大夫。他的两个儿子，分别当了河内和河南太守。杜周顺应皇帝的意思办事，不仅获得了高位，还获得了钱财，只要听皇帝的话，那是要啥有啥！杜周开始当廷史时，只有一匹马，而且配备也不全；等到他长久当官，位列三公，子孙都当了高官，家中钱财积累数目达好多万了。

25

少数要服从多数

李陵兵败之处距边塞只有一百余里，边塞将领将此事报告朝廷。汉武帝本希望李陵能死战，后听说李陵投降匈奴，十分愤怒，责问陈步乐，陈步乐自杀而死。满朝大臣都说李陵有罪，汉武帝问太史令司马迁对此事的看法，大多数人都认为有罪，皇帝也认为有罪，可是司马迁就是没眼色，依旧竭力为李陵分辩说："李陵率领不到五千步兵，深入满是战马的匈奴腹地，抵挡数万敌军；匈奴被打得连救死扶伤都顾不过来，将全国所有能拉弓射箭的人全部调来围攻李陵。李陵率部转战千里，箭矢用尽，无路可走，将士们手拿着没有箭的空弩机，冒着敌人锋利的枪尖刀刃，仍然面向北方拼死力战，能够得到部下这样的拼死效力，即使是古代的名将，也不过如此！李陵虽然兵败，但他对匈奴的打击也足以使他名扬天下了。李陵之所以没有死节，当是想找机会报效国家。"汉武帝认为司马迁是在想当然，是为了李陵游说开脱，就下令对司马迁施以宫刑。司马迁也为自己的耿直付出了代价。

很久以后，汉武帝才对原先使李陵陷入孤立无援的境地表示后悔，说道："应当在李陵率军出塞时，再让强弩将军路博德前去接应；而我预先就颁下诏书，是老将路博德生出奸诈之心，不肯接应李陵。"于是派使臣对逃脱回来的李陵余部进行慰劳赏赐。

公元前97年，汉武帝派公孙敖率兵深入匈奴腹地去接李陵，公孙敖无功而回，便上奏说："据擒获的匈奴俘虏说，李陵教单于制造兵器，以防备汉军，所以我无所收获。"于是汉武帝下令将李陵的家属满门抄斩。不久听说，是投降匈奴的汉朝将领李绪所为，并非李陵。李陵派人将李绪刺杀。匈奴单于的母亲大阏氏要杀李陵，单于将他藏在北方，直到大阏氏死后，李陵才回到王廷。单于将自己的女儿嫁给李陵为妻，封其为右校王，与卫律同时都受到尊重，并握有权力。卫律经常在单于身边，李陵则在外地，有大事才到王廷会商。

公元前96年正月，公孙敖因其妻以"巫蛊"害人而被腰斩。这个诬陷李陵的人终于得到了应得的下场！

台北故宫博物院藏苏武和李陵道别图

26

人靠衣服马靠鞍

　　赵国人江充得罪了赵王太子刘丹，逃出赵国，来到朝廷告发了刘丹的隐私秘事，刘丹因此被废除赵国太子之位。汉武帝召江充入宫见面，见他仪表堂堂，身体魁梧，衣着轻暖而华丽，暗中称奇。江充首先从外表上赢得了不少印象分，接着汉武帝与他谈论一番政事后，大为高兴，在他心目中江充达到满分了。从此对江充宠信，封其为直指绣衣使者，让他督察皇亲国戚、天子近臣中的违背体制、奢侈不法行为。

　　江充检举参劾，毫无避讳，汉武帝因此认为他忠正直率，所说的话都合汉武帝的心意。江充曾随汉武帝前往甘泉宫，正遇上太子刘据派遣去甘泉宫问安的使者坐着马车在皇帝专用的"驰道"上行走，江充便将其逮捕问罪。太子听说后，派人向江充求情说："我并非爱惜车马，实在是不愿让皇上知道后，认为我平时没有管教左右，希望江先生宽恕！"江充并不理睬，径自上奏。汉武帝说："做臣子的，就应当这样！"对江充大加信任，从而使江充威震京师。

历史上有很多精彩纷呈而发人深省的故事，看着性格各异的历史人物在历史舞台上上演着一幕幕悲剧或者喜剧，你一定会有所思索，有所感悟！不管什么样的人或事，无不折射出做人与做事的道理。一个人不管有多聪明，多能干，背景条件有多好，如果不懂得如何去做人、做事，那么他最终的结局肯定是失败。

　　翻开浩瀚的历史画卷，既有无数纵横捭阖的英雄人物，也有蝇营狗苟之徒，他们做人的成败，决定了一生事业的成败与走向。历史总在教我们怎样做人。不读历史的人是庸人，读尽历史而堕入其中的人是妄人；唯有读历史而学以致用的，才是真正的聪明人。

1

我不会告诉你我手里有两颗糖

两个小孩玩游戏，一个说，你要猜出我手里有几颗糖，我就把手里的两颗糖都给你！一不留神，这孩子把答案都告诉对方了。可笑的是，另一个孩子想也没想，就说：是三颗吗？当然，这是一个笑话，不过，历史上还真有这么没心机的人呢！

崇侯虎向殷纣说西伯的坏话，他说："西伯积累善行、美德，诸侯都归向他，这将对您不利呀！"于是纣帝就把西伯囚禁在羑里。闳夭等人都为西伯担心，就设法找来有莘氏的美女，骊戎地区出产的红鬃白身、目如黄金的骏马，有熊国出产的三十六匹好马，还有其他一些珍奇宝物，通过殷的宠臣费仲献给纣王。纣见了这些非常高兴，说："这些东西有了一件就可以释放西伯了，何况这么多呢！"于是赦免了西伯，还赐给他弓箭斧钺，让他有权征讨邻近的诸侯。纣最后漏了底说："说西伯坏话的是崇侯虎啊！"

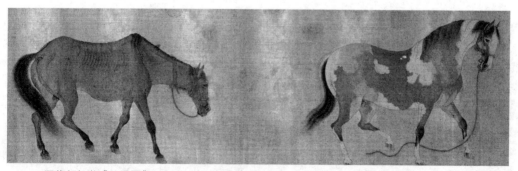

元代任仁发《二马图》

2

空洞的道理没有用

公元前639年春天，宋襄公要在鹿上结盟，向楚国提出请求，楚人答应了他。襄公的哥哥宰相目夷进谏说："小国争当盟首，是灾祸。"襄公听不进目夷的劝告。秋天，各诸侯在盂与宋公聚会结盟。目夷说："灾祸难道在此吗？国君的欲望太过分了，怎么受得了呢！"果然，楚拘捕了宋襄公以讨伐宋国。冬天，诸侯再次在亳相会，楚释放了宋公。子鱼说："灾祸还没有结束呢。"公元前638年夏天，宋国讨伐郑国。子鱼说："灾祸就在这里了。"秋天，楚国为援救郑国而讨伐宋国。十一月，宋襄公在泓水与楚成王作战。楚军渡河未完时，目夷就劝说："彼众我寡，要趁他们渡河时攻打他们。"襄公不听目夷的意见。等到楚军渡完河还未排列成阵势时，目夷又建议："可以攻打了。"襄公却说："等他们排好阵势再打。"楚军阵势排好，宋军才出战。结果宋军大败，襄公大腿受伤。宋国人都怨恨襄公。襄公辩解说："君子不能乘人之危，不能攻打未列好阵势的军队。"子鱼说："打仗胜了就是功劳，说些空洞的道理又有什么用呢！真的按襄公说的做，就直接去做奴隶算了，何必还打仗呢？"

公元前637年夏天，襄公终于死于泓水之战时的腿伤，儿子成公王臣即位。

3

胜利不要骄傲

　　宋国发生雀鸟在城边生下鹞鹰的怪事，估计是小鸟孵错蛋了，但是当时人们以为是奇事。太史卜了一卦，说："吉利。小而生大，必霸天下。"宋康王大喜，起兵灭掉滕国，攻占薛地，向东击败齐国，夺取五座城，向南战胜楚国，占地方圆三百里，向西打垮魏军，宋国一时成为可与齐国、魏国相匹敌的国家。

春秋时期齐国出土的提梁壶

　　宋康王对成就霸业更加自信，在宫室中整夜饮酒，令室中的人齐声高呼万岁，大堂上的人闻声响应，堂下的人接着响应，门外的人又继续响应，以至于国中没有人敢不呼万岁。天下的人都咒骂他是"桀宋"。齐王趁机起兵征伐宋国，人民四下逃散，弃城不守。宋王只好逃往魏国，死于温地。骄傲就会自大，自大一点就是臭啊！

　　公元前285年，齐王灭掉宋国后也十分骄傲，便向南侵入楚国，向西攻打赵、魏、韩国，想吞并东西二周，自立为天子。后来被打败，齐王出逃到卫国，卫国国君让出宫殿给他居住，向他称臣并供给日常用度。齐王却傲慢不逊，卫国人气愤地攻击他，齐王又出奔到邹、鲁国，仍旧趾高气扬，根本不考虑自己的处境；邹、鲁两地闭门不纳，齐王又出奔莒地。楚国派淖齿率军前来救援齐王，被任命为齐相。淖齿却想与燕国瓜分齐国，于是抓住齐王数说他的罪过后，在鼓里这个地方将齐王处死了。

4

耻笑跛子会要了你的命

平原君担任过赵惠文王和孝成王的宰相。平原君家有座高楼面对着下边的民宅。民宅中有个跛子，总是一瘸一拐地出外打水。平原君的一位美丽的妾住在楼上，有一天她往下看到跛子打水的样子，就哈哈大笑起来。第二天，这位跛子找上平原君的家门来，对平原君说："我听说您喜爱士人，士人也不怕路途遥远来投奔您，就是因为您看重士人而卑视姬妾啊。我遭到不幸得病致残，您的姬妾却在高楼上耻笑我，我希望得到耻笑我的那个人的头。"

平原君也没当回事，随口应承："好吧。"等那个跛子离开后，平原君又笑着说："这个人太无知了，竟因一笑要杀我的爱妾，太过分了吧！"过了一年多，宾客以及有差使的食客陆陆续续地离开了一多半。平原君对这种情况感到很纳闷，心想，也没失礼的地方，为什么这么多人离开呢？就询问了缘由，一个门客走上前去回答说："因为您不杀耻笑跛子的那个妾，大家认为您喜好美色而轻视士人，所以士人就纷纷离去了。"平原君这才醒悟，马上就斩下耻笑跛子的那个爱妾的头，并亲自登门献给跛子，且借机向他道歉。从此以后，原来门下的客人就又陆陆续续地回来。那位爱妾也因为自己的小错误付出了生命的代价。

不要嘲笑残疾人，因为代价很高昂，早先，还有一则这样的例子。

公元前592年，晋国派郤克出使齐国。齐顷公的母亲萧桐姪子从楼上观看而发笑。为什么呢？因为她看见郤克驼背，鲁国使者跛足，卫国使者一只眼瞎。结果，齐君也不尊重人，竟然派同样的残疾人去引导宾客。郤克很生气，回到黄河畔发誓说："不报复齐国，河伯来见证！"公元前589年的春季，晋国就派郤克、栾书、韩厥用八百辆战车和鲁国、卫国共同讨伐齐国。齐顷公大败，献上宝器求和，晋国不同意。郤克说："一定要得到萧桐姪子做人质。"齐国使者说："萧桐姪子是顷公的母亲，顷公的母亲如同晋君的母亲，怎么一定要得到她呢？实在不行就再开战吧。"郤克也知道不能逼人太甚，就与齐讲和而离去。

5

走皇上的路　让皇上无路可走

信陵君叫无忌，是魏昭王的小儿子，魏安釐王的异母弟弟。昭王去世后，安釐王即位，封无忌为信陵君。信陵君为人仁爱宽厚、礼贤下士，方圆几千里的士人都争相归附于他，招徕食客三千人。当时，诸侯各国因信陵君贤德，宾客众多，连续十几年不敢动兵冒犯魏国。

有一次，信陵君跟魏王正在下棋，北边边境传来警报，说"赵国发兵进犯，将进入边境。"魏王立即放下棋子，就要召集大臣们商议对策。信陵君劝阻魏王说："是赵王打猎罢了，不是进犯边境。"又接着跟魏王下棋如同没发生什么事一样。可是魏王惊恐，心思全没放在下棋上。过了一会儿，又从北边传来消息说："是赵王打猎罢了，不是进犯边境。"魏王听后大感惊诧，问道："你是怎么知道的？"信陵君回答说："我的食客中有个人能深入赵国探到赵王的秘密，赵王有什么行动，他就会立即报告我，我因此知道这件事。"

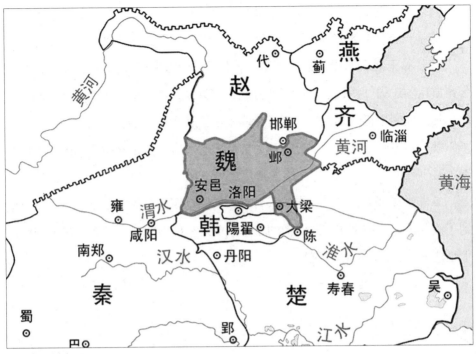

战国七雄示意图

从此以后，魏王畏惧信陵君贤能，不敢任用信陵君处理国家大事。信陵君错就错在不在其位，擅谋其政，"走皇上的路，让皇上无路可走"了。

6

车夫 又见车夫

公元前607年春天，楚让郑讨伐宋国。宋国派华元做统帅，郑国打败了宋国，囚禁了华元。华元在作战初曾杀羊犒劳士兵，他的车夫没有吃到羊羹，所以十分怨恨，便驾着车跑到郑军中，所以宋军失败，华元被囚。宋国只好用一百辆兵车、四百匹毛色漂亮的马赎回华元。

这是一个车夫的故事，历史继续发展，又一个车夫的故事出现了。

陈胜称王之后，以陈县为国都。他任命朱房做中正，胡武做司过，专门督察群臣的过失。将领们攻占了地方回到陈县来，命令稍不服从，就抓起来治罪。凡是他俩不喜欢的人，一旦有错，不交给负责司法的官吏去审理，就擅自予以惩治。陈胜却很信任他们，认为他们忠心耿耿，但是将领们却因此不再尊崇陈胜了。

章邯进攻陈县，陈胜亲自出来督战，结果楚军还是战败。十二月，陈胜退到了汝阴，在回到下城父时，他的车夫庄贾杀了他投降秦军。车夫虽无官职，但是能力不小，不能小觑啊！

7

两件漂亮皮袍子

公元前509年，蔡昭侯去朝见楚昭王，带着两件漂亮皮袍子，一件献给昭王，一件自己穿。楚国令尹子常想要蔡昭侯那一件，昭侯不给。子常就向楚昭王说昭侯的坏话，把昭侯扣留在楚国三年之久。后来蔡昭侯知其中原因，就把自己那件皮衣献给子常，子常接受皮衣后，才向楚王建议把昭侯放回国。蔡侯回国后赶到晋国，请求晋国帮助蔡国攻楚。

公元前506年夏天，蔡昭侯派其子去吴国做人质，请吴国发兵共伐楚国。冬天，蔡侯与吴王阖闾攻破楚国，进入楚都城郊。因蔡侯痛恨子常，子常心中害怕，逃到郑国。

贪心生祸患，子常因为一件皮袍子，落得有家难回，有国难投，真是因小失大。

8

你有权势就会有人依附你

廉颇在长平之战前被免职回家，失掉权势的时候，原来的门客都离开他了。等到燕王发兵攻赵。赵王派廉颇领兵反击，在鄗城大败燕军，杀死栗腹，于是包围燕国都城。燕国割让五座城请求讲和，赵王才答应停战。赵王把尉文封给廉颇，封号是信平君，让他任代理相国。

这时，门客又重新回来了。廉颇说："先生们都请回吧！"门客们说："唉！您的见解怎么这样落后？天下之人都是按市场交易的方法进行结交，您有权势，我们就跟随着您，您没有权势了，我们就离开，这本是很普通的道理，您有什么可抱怨的呢？"看来所谓的门客，原来就是"吃大户"啊！

9

不要揭别人的老底

陈胜称王总共六个月的时间。俗话说：英雄怕见老街坊！陈胜当了王之后，以陈县为国都。从前一位曾经与他一起被雇用给人家耕田的伙计听说他做了王，来到了陈县，敲着宫门说："我要见陈涉。"守宫门的长官一见他的样子就没理会。等陈胜出门时，他拦路呼喊陈涉的名字。陈胜听到了，才召见了他，与他同乘一辆车子回宫。走进宫殿，这个人犹如刘姥姥进大观园，看见殿堂房屋、帷幕帐帘之后，这个人说："夥颐！陈涉大王的宫殿高大深邃啊！"楚地人把"多"叫作"夥"，所以天下流传"夥涉为王"的俗语，就是从陈涉开始的。

这个人不懂规矩，十分放肆，常常跟人讲陈涉从前的一些旧事。有人就对陈胜说："您的客人愚昧无知，专门胡说八道，有损于您的威严。"陈王就把来客杀死了，这个人死就死在不知好歹，没管住嘴巴。

10

顾惜自己就登不到顶峰

陈胜等在蕲县起事，自称为王，定国号为"张楚"，许多郡县都杀了他们的长官来响应。

沛县父老率领县中子弟一起杀掉了沛令，狱掾曹参、主吏萧何派樊哙去叫刘邦。这时，刘邦的追随者已经有上百人了。他们打开城门迎接刘邦，想要让他当沛县县令。刘邦说："国家大乱，诸侯纷纷起事，如果安排将领人选不妥当，就将一败涂地。我并不怕死，只是怕自己能力小，不能保全父老兄弟。这是一件大事，希望大家一起推选出能胜任的人。"萧何、曹参等都是文官，都顾惜性命，害怕起事不成遭到满门抄斩之祸，极力地推让刘邦。城中父老也都说："平素听说您那么多奇异之事，必当显贵，而且占卜没有谁比得上您最吉利。"刘邦还是再三推让。众人没有敢当沛县县令的，就立刘邦做了沛公，刘邦一无所有，光脚不怕穿鞋的，就毫不在乎地接受了，后来刘邦就开创了大汉王朝。

11

吃软饭也可以起家

张耳，是魏国大梁人。年轻的时候曾逃亡在外，来到外黄。外黄有一富豪人家的女儿，长得很美丽，却嫁了一个愚蠢平庸的丈夫，此女不甘心，就逃离了她的丈夫，去投奔她父亲旧时的宾客。她父亲的宾客平素就了解张耳，于是对美女说："你一定要嫁个有才能的丈夫，就嫁给张耳吧。"美女听从了他的意见，终于离婚，改嫁给张耳。女家给张耳供给丰厚，张耳才从困窘中摆脱出来，广泛交游，千里以外都知道他，他的名声很大。

陈余，也是魏国大梁人，爱好儒家学说，曾多次游历赵国的苦陉。一位很有钱的公乘氏也很了解陈余不是一般平庸无为的人，于是把女儿嫁给了他，陈余也借助老丈人的钱财，交游广阔。不过这两人虽然是吃软饭起家，但是本身也是有才能之人。后来张耳在楚汉战争时被项羽封为常山王，后归汉成为刘邦部属，被加封为赵王。

韩信平定魏后，与张耳一同攻赵，陈余未接受谋士李左车的建议，轻视韩信的背水列阵法，败后被斩杀于泜水。

12

什么叫生死之交——这就是

梁王彭越做平民的时候曾经和栾布交往。栾布家里贫困，在齐地被人雇用，替卖酒的人家做佣工。过了几年，燕将臧荼推荐他担任都尉。后来臧荼做燕王，就任用栾布做将领。等到臧荼反叛，汉王刘邦进攻燕国的时候，俘虏了栾布。梁王彭越听到了这件事，便向刘邦进言，请求赎回栾布让他担任梁国的大夫。

后来栾布出使到齐国，还没返回来，刘邦召见彭越，以谋反的罪名责罚他，诛灭了彭越的三族。之后又把彭越的头悬挂在洛阳城门下示众，并且下命令说："有敢来收殓或探视的，就立即逮捕他。"这时栾布从齐国返回，在彭越的脑袋下面边祭祀边哭泣。刘邦召见栾布，骂道："你要和彭越一同谋反吗？我禁令任何人不得收尸，你偏偏要祭他哭他，那你同彭越一起造反已经很清楚了。赶快把他烹杀！"皇帝左右的人正抬起栾布走向汤镬的时候，栾布回头说："希望能让我说几句话再死。"刘邦让他说，栾布说："当皇上你被困彭城，兵败于荥阳、成皋一带的时候，项羽之所以不能顺利西进，就是彭王据守着梁地，跟汉军联合而给楚为难的缘故啊。在那个时候，只要彭王掉头一走，跟楚联合，汉就失败；跟汉联合，楚就失败。再说垓下之战，没有彭王，项羽不会灭亡。现在天下已经安定了，彭王接受符节受了封，也想把这个封爵世世代代地传下去。现在陛下仅仅为了到梁国征兵，彭王因病不能前来，陛下就产生怀疑，认为他要谋反，可是谋反的形迹没有显露，因苛求小节而诛灭了他的家族，我担心有功之臣人人都会感到自己危险了。现在彭王已经死了，我活着倒不如死去的好，就请您烹了我吧。"刘邦听了，觉得有道理，就赦免了栾布的罪过，任命他做都尉。

13

自刎乌江不如逃过乌江

项羽的部队在垓下修筑了营垒，兵少粮尽，汉军及诸侯兵把他团团包围了好几层。深夜，听到汉军在四面唱着楚地的歌，项羽大为吃惊，说："难道汉已经完全取得了楚地？怎么楚国人这么多呢？"项羽连夜起来，率领部下壮士八百多人骑马跟在后面，趁夜突破重围，向南冲出，飞驰而逃。天快亮的时候，汉军才发觉，命令骑将灌婴带领五千骑兵去追赶。项羽渡过淮河，部下壮士能跟上的只剩下一百多人

梅兰芳、杨小楼合演《霸王别姬》

了。到达阴陵，迷了路，去问一个农夫，农夫骗他说："向左边走。"项王带人向左，陷进了大沼泽地中。这时，汉兵追上了他们。

项羽想要向东渡过乌江。乌江亭长正停船靠岸等在那里，对项羽说："江东虽然小，但土地纵横各有一千里，民众有几十万，也足够称王啦。希望大王快快渡江。现在只有我这儿有船，汉军到了，没法渡过去。"项羽笑了笑说："上天要灭亡我，我还渡乌江干什么！再说我和江东子弟八千人渡江西征，如今没有一个人回来，纵使江东父老兄弟怜爱我让我做王，我又有什么脸面去见他们？纵使他们不说什么，我项羽难道心中没有愧吗？"于是拒绝亭长，下马步行，手持短兵器与追兵交战。

项羽身上也有十几处负伤，回头看见汉军骑司马吕马童，说："你不是我

的老相识吗？我听说汉王用黄金千斤，封邑万户悬赏征求我的脑袋，我就把这份好处送你吧！"说完，自刎而死。

后人有首诗句写道：至今思项羽，不肯过江东！假如项羽过了乌江呢？可惜时光不会倒流，历史只能由胜利者书写！

14

提前烧香　关键时刻有人帮

辟阳侯审食其因为是吕太后的男宠，很想和平原君朱建交好，但平原君朱建就是不肯见他。在平原君母亲去世的时候，陆生因为和平原君一直很要好，所以就前去吊唁。平原君家境贫寒，连给母亲出殡送丧的钱都没有，正要去借钱来置办殡丧用品，陆生却让平原君只管发丧，不必去借钱。然后，陆生却到辟阳侯家中，向他祝贺说："平原君的母亲去世了。"辟阳侯不解地说："平原君的母亲死了，你祝贺我干什么？"陆生说道："以前你一直想和平原君交好，但是他讲究道义不和你往来，这是他母亲的缘故。现在他母亲已经去世，您若是赠送厚礼为他母亲送丧，那么他一定愿意为您拼死效劳。"于是辟阳侯就给平原君送去价值一百金的厚礼。而当时的不少列侯贵人看到辟阳侯送重礼，也送去了总值五百金的钱物。

辟阳侯特别受吕太后的宠爱，有的人就在汉惠帝面前说他的坏话，汉惠帝大怒，就把他逮捕交给官吏审讯，并想借此机会杀掉他。吕太后感到惭愧，又不能替他说情。而大臣们大都痛恨辟阳侯的丑行更想借此机会杀掉他。辟阳侯很着急，就派人给平原君传话，说自己想见见他。平原君却推辞说："您的案子现在正紧，我不敢会见您。"但是平原君并没有放弃不管，他请求会见汉惠帝的男宠闳籍孺，说服他道："皇帝宠爱您的原因，天下的人谁都知道。现在辟阳侯受宠于太后，却被逮捕入狱，满城的人都说您给说的坏话，想杀掉您。如果今天辟阳侯被皇上杀了，那么明天早上太后发了火，也会杀掉您。您为什么还不替辟阳侯到皇帝那里求个情呢？如果皇帝听了您的话，放出辟阳侯，太后一定会非常高兴。而太后、皇帝两人都宠爱您，那么您也就会加倍富贵了。"闳籍孺听了非常害怕，感觉有道理，就听从了平原君的主意，向汉惠帝给辟阳侯说情，汉惠帝果然放出了辟阳侯。

辟阳侯在被囚禁的时候，很想会见平原君，但是平原君不肯见辟阳侯，辟阳侯认为这是背叛自己，所以对他很是恼恨。等到他被平原君成功地救出之后，才感到特别吃惊。吕太后去世之后，大臣们杀死了诸吕。辟阳侯和诸吕关系极深，但最终没有被杀死。保全辟阳侯生命计划之所以实现，都是陆生和平原君的力量。

辟阳侯的一百金，换来了数次活命，这主要就是他投资得早，提前烧香，关键时刻才有人帮啊！

15

天下安 注意相 天下危 注意将

丞相陈平担忧吕后一党推翻大汉江山，自己又无力制止，曾独居静室，苦思对策。此时陆贾来访，陈平正苦思冥想，竟未察觉。陆贾说："丞相思虑何事，竟然如此全神贯注！"陈平说："先生猜测我思虑何事？"陆贾说："您富贵无比，不会有什么欲望了；但是，您有忧虑，不外乎是担心诸吕以及皇上年幼罢了。"陈平就问该怎么办？陆贾说："天下安，注意相；天下危，注意将。将与相关系和谐，士人就会归附。天下即使有重大变故，大权也不会被瓜分。安定国家的根本大计，就在你们二位文武大臣掌握之中。我曾想对太尉绛

汉代五铢钱

侯周勃说明这一利害关系，绛侯平素爱开玩笑，不会重视我的话。丞相为何不与太尉交好，密切联合呢！"接着陆贾为陈平谋划将来平定诸吕的几个关键问题。陈平采纳陆贾的计谋，用五百斤黄金为绛侯周勃祝寿，举办丰盛的宴席，太尉周勃也以同样的礼节回报。陈平与周勃关系很好，最后合伙挫败了吕后一党的阴谋。因为陆贾的计策，陈平就送给陆贾一百个奴婢、五十乘车马、五百万钱。

16

长得好是一种资本

丞相张苍是阳武人，他非常喜欢图书、乐津及历法。在秦朝时，他曾担任过御史，掌管宫中的各种文书档案。后来因为犯罪，便逃跑回家了。等到刘邦攻城略地经过阳武的时候，张苍就以宾客的身份跟随沛公刘邦攻打南阳。后来张苍因为犯法应该斩首，脱下衣服，伏在刑具上时，身体又高又大，同时还有一身如同葫芦籽一样肥硕白皙的皮肤，凑巧被王陵看见，惊叹张苍长得好。因此，王陵就向沛公说情，赦免了他的死罪。这样，张苍便跟随沛公刘邦向西进入武关，到达咸阳。后来，在公元前201年中被封为北平侯，食邑一千二百户。

公元前176年，丞相灌婴去世，张苍继任为丞相。

17

放人一马就是给自己留条生路

袁盎担任吴国国相的时候，曾经有一个从史偷偷地爱上了袁盎的婢女，与她私通。袁盎知道了这件事，没有泄露，对待从史仍跟从前一样。有人告诉从史，说袁盎知道他跟婢女私通的事，从史便逃回家去了，袁盎亲自驾车追赶从史，并把婢女赐给他，仍旧叫他当从史。

吴楚叛乱，袁盎以太常的身份出使到吴国。吴王想让他担任将领，袁盎不肯。吴王想杀死他，派一名都尉带领五百人把袁盎围困在军中。巧了，围困袁盎的校尉司马刚好是从史，司马就把随身携带的全部财物卖了，用这钱购买了两担味道浓厚的酒，刚好碰上天气寒冷，围困的士兵又饿又渴，喝了酒，都醉了，围守城西南角的士兵都醉倒了，司马乘夜里领袁盎起身，说道："您可以走了，吴王约定明天一早杀您。"袁盎不相信，说："您是干什么的？"司马说："我是原先做从史与您的婢女私通的人。"袁盎这才吃惊地道谢说："您庆幸有父母在堂，我可不能因此连累了您。"司马说："您只管走，我也将要逃走，把我的父母藏匿起来，您不必担心我？"于是用刀把军营的帐幕割开，引导袁盎从醉倒的士兵所挡住的路上出来。司马与袁盎分路背道而走，袁盎解下了节旄揣在怀中，挂着杖，步行了七八里，天亮的时候，碰上了梁国的骑兵，骑兵奔驰而去，终于将袁盎出使吴国的情况报告了皇上。

要是没有先前的大肚能容，袁盎也就没有后来的逃出狼窝了！

18

是金子总会发光的

　　任安幼小时就成了孤儿，生活贫困。以后就做了卫青将军的门客，和田仁在一起，都做门客，住在将军府里，二人交情很好。这二人都家中贫困，没有

广州西汉南越王墓博物馆藏簪花饰舞人像

钱去买通将军的管家，管家让他们给将军喂马，安排他们住在简陋的房子里。田仁对任安说：“这个管家太势利眼了！”任安说：“将军尚且不了解人，何况他是管家呢？”

　　后来汉武帝下诏书征募选拔卫青将军的门客做自己的侍从官，将军卫青挑选了门客中富裕的人，让他们准备好鞍马、绛衣和用玉装饰的剑，然后想去进宫报告。正好贤能的大夫、少府赵禹前来拜访卫将军，将军召集所举荐的

门客给赵禹看。赵禹依次考问他们，十多个人中没有一个通晓事理有智谋的。赵禹说，皇帝下诏书命令举荐将军门客的原因，想要以此看一看将军能够得到怎样贤德的人和文武人才。现在只是挑选有钱人的子弟上报，这些人没有智谋，只知道吃喝玩乐，就像木偶人穿上锦绣衣服罢了。

赵禹就自己召集卫青的全部门客一百多人，又依次考问他们，发现了田仁、任安，说："只有这两个人行啊，其余的都没有能够任用的。" 卫青看到这两个人的穿戴，认为给他丢人了。赵禹走后，让他们俩人自己去准备鞍子和新绛衣等。

汉武帝召见时询问他们的才智情况让他们互相推举评价。田仁回答说："手执鼓槌，站立军门，使部下甘心情愿为战斗而死，我不如任安。"任安回答说："决断嫌疑，评判是非，辨别属下的官员，使百姓没有怨恨之心，我不如田仁。"汉武帝大笑，也为他们的友情感动，让任安监护北军，让田仁到黄河边上监护边塞的屯田和生产谷物的事情。这两人当时就名播天下。后来，让任安做了益州刺史，让田仁做了丞相长史。

19

夜郎就是井底之蛙

西南夷的国君有数十个，其中夜郎的势力最强大。公元前135年，汉武帝同意唐蒙的主张，就任命他为郎中将，率领一千大军，以及负责粮食、辎重的人员一万多人，从巴符关进入夜郎，于是见到了夜郎侯多同。唐蒙给了他很多赏赐，又用汉王朝的武威和恩德开导他，约定给他们设置官吏，让他的儿子当相当于县令的官长。

夜郎旁边小城镇的人们都贪图汉朝的丝绸布帛，他们心中认为汉朝到夜

夜郎国出土的铜孔雀

郎的道路险阻，汉朝终究不能占领这里，就暂且接受了唐蒙的盟约。唐蒙回到京城向皇上报告，皇上就把夜郎改设为犍为郡。

汉朝使者到达夜郎，夜郎同汉朝使者说道："汉朝和我国相比，哪个大？"这是道路不通的缘故，各以为自己是一州之主，不知道汉朝的广大。夜郎侯开始依靠南越，南越被消灭后，正赶上汉军回来诛杀反叛者，夜郎侯就到汉朝京城朝见皇上。汉武帝封他为夜郎王。

20

软饭也可以吃得心安理得

司马相如是蜀郡成都人，字长卿。他少年时喜欢读书，也学习剑术，所以他父母给他取名犬子。梁孝王让相如这些读书人一同居住，相如有机会与读书人和游说之士相处了好几年，曾写过《子虚赋》。正赶上梁孝王去世，相如只好返回成都。然而家境贫寒，又没有可以维持自己生活的职业。相如一向同临邛县令王吉相处得很好，就前往临邛。临邛县里富人多，像卓王孙家就有家奴八百人，程郑家也有数百人。卓王孙家和程郑家相互商量说："县令有贵客，我们备办酒席，请请他。"一并把县令也请来。当县令到了卓家后，卓家的客人已经上百了。到了中午，去请司马长卿，长卿却推托有病，不肯前来。临邛令见相如没来，假装不敢进食，还亲自前去迎接相如，这是故意抬高司马相如，也是为朋友争面子。相如来到卓家，满座的客人无不惊羡他的风采。一是因为县令的面子，二是司马相如确实有风采！

酒兴正浓时，临邛县令走上前去，把琴放到相如面前，让司马相如弹琴助乐。司马相如利用琴声吸引了卓王孙守寡的女儿文君，后来，卓文君乘夜逃出家门，私奔相如，卓王孙表示不认这个女儿了，有的人劝说卓王孙，但他始终不肯听。

20 世纪 50 年代发行的卓文君的明信片

文君同相如赶回成都，才知道相如家穷得四壁空空。过了好长一段时间，文君因为习惯了富裕日子，一下这么贫穷，感到不快乐，说："长卿，只要你同我一起去临邛，向兄弟们借贷也完全可以维持生活，何至于让自己困苦到这个样子！"

相如就同文君来到临邛，故意把自己的车马全部卖掉，买下一家酒店，做卖酒生意。并且让文君亲自卖酒，自己也在闹市中洗涤酒器，就是演给卓王孙看的，卓王孙感到很耻辱，就闭门不出。有些兄弟和长辈交相劝说卓王孙，说："你有一个儿子两个女儿，家中所缺少的不是钱财。如今，文君已经成了司马长卿的妻子，长卿本来也已厌倦了离家奔波的生涯，虽然贫穷，但他确实是个人才，完全可以依靠。况且他又是县令的贵客，为什么偏偏这样轻视他呢！"卓王孙不得已，只好分给文君家奴一百人，钱一百万，以及她出嫁时的衣服被褥和各种财物。文君就同相如回到成都，买了田地房屋，成为富有的人家。

21

不要以貌取人

齐地人东郭先生长期在公车府候差，贫困饥寒，衣服破旧，鞋子也不完好。走在雪地里，鞋子有面无底，脚全都踩在地上。过路人嘲笑他，东郭先生自嘲说："谁能穿鞋走在雪地里，让人看上去，鞋上面是鞋子，鞋子下面是人的脚呢？"

汉武帝派大将军卫青带领军队出击匈奴，立下战功，胜利归来，武帝下令赏赐黄金千斤。卫青从宫门出来，东郭先生当道拦住卫将军的车马，拜见说："王夫人新近得到皇帝的宠爱，家里贫困。如今将军获得黄金千斤，如果用其中的一半送给王夫人的父母，皇上知道了一定很高兴。"卫青感谢他，就用五百斤黄金作为给王夫人父母的赠礼。王夫人将此事告诉了武帝。武帝说："大将军不懂得做这件事。"问卫青从哪里得来的计策，卫青就说："从候差的东郭先生那里得来的。"汉武帝就下令召见东郭先生，一番交谈，知道是个人才就任命他为郡都尉。

东郭先生就是所谓的身穿粗布衣服，怀里却揣着珍宝的人。俗话说：相马因其外表消瘦而漏掉良马，相士因其外貌贫困而漏失人才，大概就是在说东郭先生了。

22

君子用美言赠人　小人以钱财送人

汉武帝时，召北海郡太守到皇帝行宫。有个执掌文书的府吏王先生，自动请求与太守一同前往，说："我会对您有好处。"太守答应了他。太守府中的许多府吏、功曹禀告说："王先生爱喝酒，闲话多，务实少，恐怕不宜同行。"太守认为多一个人也无所谓，就带他一同去了。在宫门外待命期间，王先生只顾揣着钱买酒，与卫队长官叙饮，整天醉醺醺的，不去看望太守。

太守准备入宫拜见皇上，王先生对守门郎官说："请替我呼唤我们太守到宫门口来，跟他远远地讲几句话。"守门郎官和王先生都混熟了，就替他去呼唤太守。太守出来，看见了王先生。王先生说："皇上假如问您如何治理北海郡，使那里没有盗贼，您对答些什么呢？"太守回答说："选择贤能的人，按照他们的能力分别任用，奖赏才能超群的，处罚不图上进的。"王先生说："这样对答是自己称颂自己，自己夸耀功劳，不行啊。希望您回答说：不是臣的力量，完全是陛下神明威武发生的作用。"太守觉得也可以这样回答，就说："好吧。"太守被召进宫中，走到殿下，皇帝问他说："你是怎么治理北海郡，使盗贼不敢泛起的？"太守磕头回答说："这不是臣的力量，完全是陛下神明威武发生的作用。"武帝大笑说："啊呀！哪里学得长者的言语而称颂起来？何处听来的？"太守回答说："是文学卒史教给的。"武帝说："他现在何处？"太守回答说："在宫府门外。"武帝下诏召见，任命王先生为水衡丞，北海太守做水衡都尉。古书上说过："美好的言辞可以出卖，高贵的品行可以超人。君子用美言赠人，小人以钱财送人。"王先生算是美言赠人的君子了。

在人类历史上，为了掌控权势，为了驾驭他人，无数人把玩着谋略，既有光明正大的阳谋，也有不可告人的阴谋。阴谋，顾名思义是背后的计谋。既有阴谋，必然有阳谋，那些正大光明堂而皇之的谋略该称之为阳谋。阴谋可以假借阳谋之衣，阳谋可以装着阴谋之心，两者其实可变幻。阴谋、阳谋并不是贬义词和褒义词的关系。阴谋、阳谋的区别只在于设计得高明与否，而不在于设计者的卑鄙与高尚。"正人用邪法，邪法亦是正；邪人用正法，正法亦是邪。"

　　其实，无论阴谋也好，阳谋也罢，都是智慧的体现，都是人心的较量，它们绝不仅仅是一种技术，而是一种至为深刻的文化，世事洞明皆学问，人情练达即文章，古代的阴谋阳谋就是要展示这一影响颇深的道理。

1

拉大旗扯虎皮

凡是革命或起义，有两件大事：一是拉大旗，二是刀把子，大旗就是行动纲领，是用来号召和动员民众的，刀把子是军队，是用来和内外敌人拼杀的。孔夫子讲，名不正则言不顺，很多人起事前，必定为自己找个合适的理由，找个合适的大旗举起来!

夏桀绘像

成汤时，十分仁德，对待百姓很好，百姓也很爱戴他。这时，夏桀却施行暴政，荒淫无道，百姓大都反对他，商汤于是起兵，率领诸侯，由伊尹跟随。商汤亲自握着大斧指挥，说："你们这些首领到这儿来，听我说，不是我个人敢于兴兵作乱，是因为夏桀犯下了很多的罪行。我虽然也听到你们说了一些抱怨的话，可是夏桀有罪啊，这是上天的旨意，夏桀犯下了那么多的罪行，是上天命令我去惩罚他的。夏国的民众都说'这个太阳什么时候消灭，我宁愿和你一起灭亡'！夏王的德行已经到这种地步，现在我一定要去讨伐他！希望你们和我一起来奉行上天的旨意，我会重重地奖赏你们。如果你们违抗我的命令，我就要惩罚你们，概不宽赦！"商汤把这些话告诉传令长官，写下了《汤誓》。当时商汤曾说"我很勇武"，因此号称武王。

商汤也知道自己是以臣子的身份起事的，但是既然敢去推翻夏桀，就要给自己找个好理由，也要会安抚众人的心，好在夏桀昏庸无道，给了他一个造反的接口。

夏桀被打败，奔逃到鸣条，夏军就全军崩溃了。商汤登上天子之位，平定了天下。

2

假道伐虢　唇亡齿寒

公元前656年，晋国向虞借路讨伐虢。虞国大夫宫之奇劝谏虞君说："不能把路借给晋国，否则晋国会灭亡虞国。"虞君说："晋国与我同姓，它不应该攻打我国。"宫之奇说："虞国与虢国关系，就如同唇与齿的关系，唇亡齿寒。"虞君不听宫之奇的劝告，便答应了晋国。宫之奇知道将来很危险，就带着整个家族离开了虞国。这年冬天，晋国灭亡了虢国，虢公丑逃到周京。晋军返回时，肯本不把虞国放在眼里，一个羊是赶，一群羊是放，干脆袭击灭亡了虞国，俘虏了虞公。荀息把晋献公过去送给虞君的屈产的名马又献给了献公，献公笑道："马还是我的马，可惜也老了！"就在这个时期，晋国强大了起来，西占有河西，与秦国接壤；北到翟国，东到河内。

3

内史王廖的离间计

公元前626年，戎王派由余出使秦国。由余，祖先是晋国人，逃亡到戎地，他还能说晋国方言。戎王听说缪公贤明，就派由余去观察秦国。秦缪公和由余相谈甚欢，感觉由余是个人才。

缪公退朝之后，就问内史王廖说："我听说邻国有圣人，这将是对立国家的忧患。现在由余有才能，这是我的祸害，我该怎么办呢？"内史王廖说："戎王地处偏僻，不曾听过中原地区的乐曲。您不妨试试送他歌舞伎女，借以改变他的心志。并且为由余向戎王请求延期返戎，以此来疏远他们君臣之间的关系；同时留住由余不让他回去，以此来延误他回国的日期。戎王一定会感到奇怪，因而怀疑由余。他们君臣之间有了隔阂，计策就成功了。再说戎王喜欢上音乐，一定没有心思处理国事了。"缪公一想：你小子够坏的啊，这离间计不错！

缪公命令内史王廖送给戎王十六名歌伎。戎王接受，并且非常喜爱和迷恋，整整一年不曾迁徙和更换草地，牛马死了一半。这时候，秦国才让由余回国。由余多次向戎王进谏，戎王都不听，缪公又屡次派人秘密邀请由余，由余于是离开戎王，投降了秦国。公元前659年，由余被秦穆公任为上卿（宰相），公元前623年，秦国采用由余的计谋攻打戎王，增加了十二个属国，开辟了千里疆土，终于称霸于西戎地区。内史王廖的美人计和离间计成功了！

4

美人计最管用了

公元前496年，孔子五十六岁，担任鲁定公国相职务，把扰乱国政的大夫少正卯杀了。孔子参预国政三个月，贩卖猪、羊的商人就不敢漫天要价了，路不拾遗，百姓安康。

齐国听到了这个消息就害怕了起来，说："孔子在鲁国执政下去，一定会称霸，一旦鲁国称霸，我们靠它最近，必然会首先来吞并我们。何不先送一些土地给他们呢？"有个大臣说："我们先试着阻挠他们一下，如果不成，再送给他们土地，也不晚！"于是就从齐国挑选了八十个美貌女子，都穿上华丽的衣服，教她们学会跳《康乐》的舞蹈，身上有花纹的马一百二十匹，一起送给鲁君。鲁君看后喜

南宋马远绘《孔子像》

欢得不得了，天天吃喝玩乐，连国家的政事也懒得去管理了。孔子看到这种情况，知道自己的努力将毁在这些美女手里，不忍看到鲁国衰败，就离开了。

孔子离开鲁国，鲁国一个名叫师己的乐师来为他送行，说道："先生您是没有过错的。"孔子说："我唱一首歌，好不好？"于是唱道："那些妇人的口，可以把大臣和亲信撵走；接近那些妇女，可以使人败事亡身。悠闲啊

悠闲，我只有这样安度岁月！"师己返回后，鲁君问他说："孔子说了些什么？"师己如实相告。鲁君长叹一声，说："先生是怪罪我们接受了齐国那一群女乐的缘故啊！"鲁君因为一些女人，失去了最大的依仗，这笔账他真的算错了，亏本了！

5

做鬼也不会放过你

燕易王的母亲，是燕文侯的夫人，与苏秦私通。燕易王知道这件事，但是苏秦对燕国贡献很大，燕易王对苏秦依旧很好。但是苏秦恐怕被杀，就劝说燕王："我留在燕国，不能使燕国的地位提高，假如我在齐国，就一定能提高燕国的地位。"燕王一听很高兴，就让苏秦去做。于是，苏秦假装得罪了燕王而逃跑到齐国。齐宣王便任用他为客卿。

齐宣王去世，湣王继位，苏秦就劝说湣王把葬礼办得铺张隆重，用来表明自己的孝道，高高地建筑宫室，大规模地开辟园林，以表明自己得志，其实苏秦打算使齐国破败，从而有利于燕国。燕易王去世，燕王哙登基做了国君。此后，齐国大夫中有许多人和苏秦争夺国君的宠信，因而派人刺杀苏秦，苏秦当时没死，带着致命的伤逃跑了。齐王派人捉拿凶手，然而没有抓到。苏秦将要死去，便对齐王说："我马上就要死了，请您在人口集中的街市上把我五马分尸示众，就说：'苏秦为了燕国在齐国谋乱'，这样做，刺杀我的凶手一定可以抓到。"当时，齐王就按照他的话做了，那个刺杀苏秦的凶手果然自动出来了，齐王因而就把他杀了。燕王不知道具体情况，听到这个消息说："齐国为苏先生报仇，做法也太过分啦。"而苏秦呢？不愧是战国鬼才，就是死后也能让凶手跟着丧命。

6

对待贫穷的人 要激发他的意志

张仪是魏国人。当初曾和苏秦一起师
事鬼谷子先生，学习游说之术，苏秦
自认为才学比不上张仪。张仪
完成学业，就去游说诸侯。他
曾陪着楚相喝酒，席间，楚相
丢失了一块玉璧，门客们怀疑
张仪，说："张仪贫穷，品行
鄙劣，一定是他偷去了宰相的玉
璧。"于是，大家一起把张仪拘捕起
来，拷打了几百下。张仪始终没有承认，
只好释放了他。他的妻子又悲又恨地说：
"唉！您要是不读书游说，又怎么能受到这

元代瓷罐上的鬼谷子下山图

样的屈辱呢？"张仪对他的妻子说："你看
看我的舌头还在不在？"他的妻子笑着说："舌头还在呀。"张仪说："这就
够了。"张仪知道仅凭自己的一张嘴就可以吃遍天下，可以纵横天下！

那时，苏秦已经说服了赵王而得以去各国缔结合纵相亲的联盟，可是他
害怕秦国趁机攻打各诸侯国，盟约还没缔结之前就遭到破坏。又考虑到没有合
适的人可以派到秦国，于是派人暗中引导张仪说："您当初和苏秦感情很好，
现在苏秦已经当权，您为什么不去结交他，用以实现功成名就的愿望呢？"于
是张仪前往赵国，请求会见苏秦。苏秦就告诫门下的人不给张仪通报，让他等

了很多天，苏秦才接见了他。让他坐在堂下，赐给他奴仆侍妾吃的饭菜，还屡次责备他说："凭着您的才能，却让自己穷困潦倒到这样的地步。难道我不能推荐您让您富贵吗？只是您不值得录用罢了。"说完就把张仪打发走了。张仪来投奔苏秦，自己认为都是老朋友了，能够求得好处，不料反而被羞辱，很生气，又考虑到诸侯中没有谁值得贡献自己，只有秦国能侵扰赵国，于是就到秦国去了。

不久苏秦对他左右亲近的人说："张仪是天下最有才能的人，我大概比不上他呀。如今，幸亏我比他先受重用，而能够掌握秦国权力的，只有张仪才行。然而，他很贫穷，没有进身之阶。我担心他以小的利益未满足而不能成就大的功业，所以把他召来羞辱他，用来激发他的意志，您替我暗中关照他。"苏秦就发给这个人金钱、财物和车马，派他暗中跟随张仪，和他投宿同一客栈，逐渐地接近他，还以车马金钱赠送他，凡是他需要的，都供给他，却不说明谁给的。于是张仪才有机会拜见了秦惠王。惠王任用他做客卿，和他策划攻打诸侯的计划。这时，苏秦派来的门客要告辞离去，张仪说："依靠您鼎力相助，我才得到显贵的地位，正要报答您的恩德，为什么要走呢？"门客说："我并不了解您，真正了解您的是苏先生。苏先生担心秦国攻打赵国，破坏合纵联盟，认为除了您没有谁能掌握秦国的大权，所以激怒先生，派我暗中供您钱财，这都是苏先生谋划的策略。如今先生已被重用，请让我回去复命吧！"张仪这时候才知道自己错怪苏秦了，说："哎呀，这些权谋本来都是我研习过的范围而我却没有察觉到，我没有苏先生高明啊！况且我刚刚被任用，又怎么能图谋攻打赵国呢？请替我感谢苏先生，苏先生当权的时代，我张仪怎么敢奢谈攻赵呢？"张仪不再进攻赵国了，但是他出任秦国宰相以后，写信警告楚国宰相说："当初我陪着你喝酒，我并没偷你的玉璧，你却鞭打我。你要好好地守护住你的国家，我反而要偷你的城池了！"结果楚国宰相吓坏了，才知道当初狗眼看人低，谁知道麻雀窝里飞出个金凤凰呢！

7

我低调但我不胆小

李牧是赵国北部边境的良将。长期驻守代地雁门郡，防备匈奴。他每天宰杀几头牛犒赏士兵，教士兵练习射箭骑马，小心看守烽火台，多派侦察敌情的人员，对战士待遇优厚。订出规章说："匈奴如果入侵，要赶快收拢人马退入营垒固守，有胆敢去捕捉敌人的斩首。"匈奴每次入侵，烽火传来警报，立即收拢人马退入营垒固守，不敢出战。像这样过了好几年，人马物资也没有什么损失。匈奴却认为李牧是胆小，就连赵国守边的官兵也认为自己的主将胆小怯战。赵王责备李牧，李牧依然如故。赵王发怒，把他召回，派别人代他领兵。

此后一年多里，匈奴每次来侵犯，就出兵交战。出兵交战，屡次失利，损失伤亡很多，边境上无法耕田、放牧。赵王只好再请李牧出任。李牧闭门不出，坚持说有病。赵王就一再强使李牧出来，让他领兵。李牧说："大王一定要用我，我还是像以前那样做，才敢奉命。"赵王答应他的要求。

李牧来到边境，还按照原来的章程。匈奴好几年都一无所获，但又始终认为李牧胆怯。边境的官兵每天得到赏赐可是无用武之地，无功不受禄啊，他们吃着喝着却没有功劳，大家都不好意思，都憋着劲要打一仗。李牧见时机成熟了，就准备了精选的战车一千三百辆，精选的战马一万三千匹，敢于冲锋陷阵的勇士五万人，善射的士兵十万人，全部组织起来训练作战。同时让人将大批牲畜到处放牧，放牧的人民漫山遍野。匈奴小股人马入侵，李牧就假装失败，故意把几千人丢弃给匈奴。单于听到这种情况，就率领大批人马入侵。李牧布下许多奇兵，张开左右两翼包抄反击敌军，大败匈奴，杀死十多万人马。此后十多年，匈奴不敢接近赵国边境城镇。

扮猪吃老虎啊，这种奇谋，不是匈奴能够察觉和领会的。

8

吴起做大将——名副其实

吴起是卫国人，但是在鲁国任官。齐国攻打鲁国，鲁国想任用吴起为将，但吴起娶的妻子是齐国人，鲁国猜疑吴起。于是，吴起杀死了自己的妻子，终于当了大将，大破齐国军队。有人在鲁国国君面前攻击他说："吴起当初曾师事曾参，母亲死了也不回去治丧，曾参与他断绝关系。现在他又杀死妻子来求得您的大将职位。吴起，真是一个残忍缺德的人！况且，以我们小小的鲁国能有战胜齐国的名气，各个国家都要来算计鲁国了。"吴起恐怕鲁国治他的罪，又听说魏文侯贤明，于是就前去投奔。魏文侯用人不拘小节，就任命吴起为大将，攻击秦国，果然攻占五座城。

吴起做大将，与最下等的士兵同样穿衣吃饭，睡觉不铺席子，行军也不骑马，亲自挑上士兵的粮食，与士兵们分担疾苦。有个士兵患了毒疮，吴起为他吸吮毒汁。士兵的母亲听说后却痛哭。有人奇怪地问："你的儿子是个士兵，而吴起将军亲自为他吸吮毒疮，你为什么哭？"士兵母亲答道："不是这样啊！当年吴将军为孩子的父亲吸过毒疮，他父亲作战从不后退，就战死在敌阵中了。吴将军现在又为我儿子吸毒疮，我不知道儿子该死在哪里了，所以哭他。"

其实带兵打仗，最主要的就是上下同心，一定要让士兵愿意追随，愿意献身，这点吴起做到了，虽然这是他的谋略，但是这种阳谋，还是希望越多越好！

9

临死也拉垫背的

田文死后，公叔出任国
相，娶了魏君的女儿，却畏忌
吴起。公叔的仆人说："吴起
是不难赶走的。"公叔很感兴
趣，就问："怎么办？"那个
仆人说："吴起为人有骨气而
又喜好名誉、声望。您可找机
会先对武侯说：'吴起是个贤
能的人，而您的国土太小了，
又和强大的秦国接壤，我私下
担心吴起没有长期留在魏国的
打算。'武侯就会说：'那可
怎么办呢？'您就趁机对武侯
说：'请用下嫁公主的办法试

吴起绘像

探他，如果吴起有长期留在魏国的心意，就一定会答应娶公主；如果没有长期
留下来的心意，就一定会推辞。用这个办法能推断他的心志。'您再找个机会
请吴起一道回家，故意让公主发怒而当面鄙视您，吴起见公主这样蔑视您，那
就一定不会娶公主了。"结果，不出那个仆人所料，吴起见到公主如此地蔑视
国相，果然婉言谢绝了魏武侯。武侯怀疑吴起，也就不再信任他。吴起怕招来
灾祸，于是离开魏国，随即就到楚国去了。

楚悼王一向就听说吴起贤能，刚到楚国就任命他为国相。吴起依旧刚猛，向南平定了百越；向北吞并了陈国和蔡国，打退韩、赵、魏三国的进攻；向西又讨伐了秦国。诸侯各国对楚国的强大感到忧虑。以往被吴起停止供给的疏远王族都想谋害吴起。等悼王一死，王室大臣发动骚乱，攻打吴起，吴起知道自己难逃一死，就逃到楚王停尸的地方，附伏在悼王的尸体上。攻打吴起的那帮人趁机用箭射吴起，同时也射中了悼王的尸体。等把悼王安葬停当后，太子即位。就让令尹把射杀吴起同时射中悼王尸体的人，全部处死，由于射杀吴起而被灭族的有七十多家。

吴起是位奇才，可惜，本事太大的人往往难以长久，文有孔子，武有吴起，这都是被庸人嫉妒而壮志难酬的人。

10

变革很困难　最难在上层

公元前359年，公孙鞅想实行变法改革，秦国的贵族都不赞同，因为变革会触动他们的利益，其中大夫甘龙说："按照旧章来治理，才能使官员熟悉规矩而百姓安定不乱。"他们守旧就是守卫自己的既得利益，谁也不愿意从自己身上割肉啊！公孙鞅说："普通人只知道安于旧习，学者往往陷于所知范围不能自拔。这两种人，让他们做官守法可以，但不能和他们商讨旧章之外开创大业的事。聪明的人制定法规政策，愚笨的人只会受制于人；贤德的人因时而变，无能的人才死守成法。"秦孝公说："说得好！"便任命公孙鞅为左庶长的要职。于是制定变法的法令。主要内容是打破了世袭制，王亲国戚没有获得军功的，不能享有宗族的地位。使有功劳的人获得荣誉，无功劳的人即使富有也不能显耀。

变法令颁布一年后，秦国百姓前往国都控诉新法使民不便的数以千计。这时太子也触犯了法律，公孙鞅说："新法不能顺利施行，就在于上层人士带头违犯。"太子是国君的继承人，不能施以刑罚，便将他的老师公子虔处刑，将另一个老师公孙贾脸上刺字，以示惩戒。第二天，秦国人听说此事，都小心翼翼地遵从法令。新法施行十年，秦国一片路不拾遗、山无盗贼的太平景象，百姓勇于为国作战，不敢再行私斗，乡野城镇都得到了治理。这时，那些当初说新法不便的人中，有些又来说新法好，公孙鞅说："这些人都是乱法的刁民！"把他们全部驱赶到边疆去住。此后老百姓不敢再议论法令的是非。

变革好比一场革命，触动的是守旧的既得利益者，尤其是上层阶级，如何撬动他们的利益，如何打破他们的反击，才是变革成功的关键，否则，就会前功尽弃，一败涂地。

11

射人先射马　擒贼先擒王

公元前340年，公孙鞅对秦孝公说："秦国与魏国的关系，互为心腹大患，不是魏国吞并秦国，就是秦国攻占魏国。为什么呢？魏国东面是险峰山岭，建都于安邑城，与秦国以黄河为界，独享崤山以东的地利。它强盛时便向西侵入秦国，窘困时便向东收缩自保。现在秦国在您的贤明领导下，国势渐强；而魏国去年大败于齐国，各国都背弃了与它的盟约，我们可以乘此时攻伐魏国。魏国无法抵抗，只能向东迁徙。那时秦国据有黄河、崤山的险要，向东可以制服各诸侯国，就奠定了称王称霸的宏伟大业。"秦孝公认为很对，派公孙鞅率兵攻打魏国。魏国也派公子卬为将军前来抵抗。

两军对垒，公孙鞅派人送信给公子卬，写道："当年我与公子您交情很好，现在都成为两军大将，不忍心互相攻杀。我们可以见面互相起誓结盟，畅饮之后罢兵回国，以使秦国、魏国的百姓安心。"公子卬信以为真，便前来赴会。两方盟誓已毕，正饮酒时，公孙鞅事先埋伏下的甲士冲出来，俘虏了公子卬，又乘势攻击魏军，使其大败。

魏惠王闻知败讯，十分惊恐，派人向秦国献出河西一带的地方以求和。接着便迁都到大梁。这时才叹息说："我真后悔当年不听公叔痤的话杀掉公孙鞅！"

卫（公孙）鞅因功被封于商(原名邬，改名为商，今陕西商县商洛镇)，故称卫鞅为商鞅（商君）。

出土的秦军兵马俑

12

挑拨敌人 让他们互掐

公元前328年，秦军进攻并在鄢陵打败韩军，接着又在脩鱼打败韩军。韩国危急，相国公仲对韩王说："盟国是不可靠的。如今秦国想征伐楚国已经很久了，大王不如通过张仪向秦王求和，送给它一座名城，并准备好盔甲武器，和秦军一起向南征伐楚国，这是用一失换二得的计策。"韩王准许了，于是为公仲的行动作好警戒，他要西行与秦国讲和。楚王听说后非常惊恐，召见陈轸把情况告诉他。陈轸明白事情的紧急性，就献计说："大王听我的意见，先在全国加强警戒，发兵声言援救韩国，让战车布满道路，然后派出使臣，多给他配备车辆，带上厚礼，让韩国相信大王是在救他们。即使韩王不听我们的意见，韩国也一定会感激大王的恩德，一定不会列队前来攻楚，这样秦韩就不和

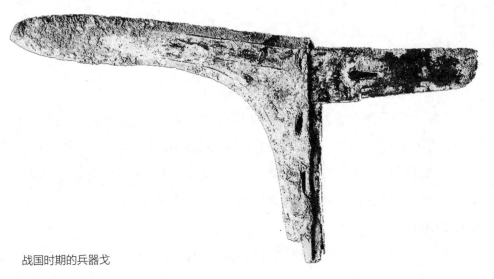

战国时期的兵器戈

了，即使军队到了，也不会成为楚国的大患。如果韩国听从我们的意见，停止向秦求和，秦国必定大怒，因而对韩国的怨恨加深；韩国到南方结交楚国，必定慢待秦国，慢待秦国，应酬秦国时必定不很尊重：这就是利用秦韩军队之间的矛盾来免除楚国的祸患。"楚王认为计谋不错，于是照办。

韩王见楚国准备发兵来救助他们，非常高兴，就停止了公仲到秦国议和的行动。公仲也是有名的谋士，知道楚国不可信，说："不能这样，以实力侵犯我们的是秦国，用虚名来救我们的是楚国。大王想依靠楚国的虚名，而轻易和强敌秦国绝交，大王必定要被天下诸侯嘲笑。况且楚韩并非兄弟之国，又不是早有盟约共谋伐秦的。我们已有了联秦攻楚的迹象，楚国才声言发兵救韩，这一定是陈轸的计谋。况且大王已经派人把我们的打算通报秦国了，现在又决定不去，这是欺骗秦国。轻易欺骗强秦，而听信楚国的谋臣，恐怕大王必定要后悔的。"韩王不听劝告，终于和秦国断交。秦国因而大怒，增加兵力进攻韩国，两国大战，而楚国救兵一直没到韩国来。结果，秦军大败韩军于岸门。韩国只好派太子仓做人质去向秦国求和。

13

柿子要拣软的捏

巴国、蜀国互相攻击，都来向秦国告急求救，秦惠王想出兵讨伐蜀国，但顾虑道路险峻难行，韩国又可能来侵犯，所以犹豫不决。司马错建议他仍旧出兵伐蜀，张仪却说，现在的黄河、伊洛一带和周朝王室，正好比天下的朝廷和集市，而大王您不去那里争雄，反倒纠缠于远方的戎狄小族争斗，这可不是帝王的大业啊！

司马错反驳张仪说："不对。我也听说有这样的话：想要使国家富强必须先开拓疆土，想要使军队强大必须先让老百姓富庶，想要成就帝王大业必须先树立德望。这三个条件具备，帝王大业也就水到渠成。现在大王的国家地小民贫，所以我建议先从容易之事做起。蜀国，是西南偏僻之国，又是戎狄之族的首领，政治昏乱，如同夏桀、商纣；以秦国大兵攻蜀，就像狼入羊群一样。攻占它的土地可以扩大秦国疆域，夺取它的财富可以赡养百姓，而军队不需有大的伤亡就可以使蜀国屈服。这样，吞并一个国家而天下并不认为秦国强暴，获取广泛的利益天下也不认为秦国贪婪，我们一举两得、名利双收，更享有除暴安良的美誉。秦国若是攻打韩国、劫持周天子，就会臭名远扬，也不见得有什么实际利益。蒙受不义之名，攻打天下人所不愿攻占的地方，那可是很危险……所以，攻打蜀国才是十拿九稳的上策。"秦惠王听从了司马错的建议，也认为吃柿子要拣软的捏，于是起兵伐蜀，仅用了十个月就攻克全境，把蜀王降为侯，又任命陈庄为蜀国国相。蜀国为秦国吞并以后，秦国更加富庶和强盛。

14

田单诡计层出不穷

公元前283年，燕惠王即位。惠王与乐毅有矛盾。田单听说了，便派人去燕国用反间计，散布说："齐王已经死了，齐国仅有两座城未被攻克。乐毅与燕国新王有矛盾，害怕加祸不敢回国，他现在以攻打齐国为名，实际想率领军队在齐国称王。齐国人没有归附，所以他暂缓进攻即墨，等待时机举行大事。齐国人所怕的，是燕王派别的大将来，那样即墨就城破受害了。"燕惠王本来就疑心乐毅，中了齐国的反间计，便派骑劫代替乐毅为大将，召他回国。乐毅知道燕王换将居心不良，于是投奔了赵国。从此，燕军将士都愤愤不平，内部不和。

田单令人散布说："我就怕燕军把齐国俘虏割去鼻子，作为前导，那样即墨城就完了！"燕国人听说，果然这样做了。城中守兵看到投降燕军的人都被割去鼻子，万分痛恨，决心坚守不降，唯恐被俘。

田单再使出反间计，说："我怕燕军掘毁我们的城外坟墓，那样齐国人就寒心了。"燕军又中计，把城外坟墓尽行挖毁，焚烧死尸。齐国人从城上远远望见，都痛哭流涕，争相请求出战，怒气倍增。田单知道这时军士已经可以死战，于是带头拿起版、锹和士卒一起筑城，把自己的妻妾编进军队，还分发全部食品犒劳将士。他下令让披甲士兵都潜伏在城下，只以老弱人员、女子登城守卫，又派人去燕军中约定投降，燕军都欢呼万岁。田单在城中百姓中募集到一千镒金银，让即墨城的富豪送给燕军大将，说："我们马上就投降。请不要抢劫掠夺我们的家族！"燕国将军大喜，立刻应允。燕军戒备更加松懈。

田单在城中搜罗到一千余头牛，给牛披上大红绸衣，绘上五彩天龙花纹，在牛角上绑束尖刀，而在牛尾绑上灌好油脂的苇草，然后点燃，趁着夜色，从预先凿好的几十个城墙洞中，赶牛冲出，后而紧随着五千名壮士。牛尾部被火燎烧，都惊怒地奔向燕军大营。燕军大惊失色，看到牛身上都是天龙花纹，不知道是什么动物，很恐惧，再加上后面的武士奋勇杀敌，城中敲锣打鼓齐声呐喊，老弱居民也敲击铜器助威，燕国军队万分恐惧，纷纷败逃。齐军趁乱杀死燕军大将骑劫，追杀逃亡的燕军，所经过的城邑都叛离燕国，再度归顺齐国。田单的军队越来越多，乘胜而入，燕军日日望风而逃，逃到黄河边，齐国失去的七十几座城都复归。田单于是前往莒城迎齐襄王回国都临淄，襄王册封田单为安平君。

15

赵高看透了秦二世的本质

戍卒陈胜等在原生楚国之地造反，国号为"张楚"，取张大楚国之意。陈胜自立为楚王，住在陈县，派遣将领们夺取土地。崤山函谷关以东的山东各郡县，年轻人因为受尽秦朝官吏之苦，都杀掉了他们的郡守、郡尉、县令、县丞，起来造反，以响应陈胜，并在各地相继拥立侯王，取合起来向西进攻，旗号都是讨伐秦朝，人数多得数也数不清。

掌管传达通报的谒者出使山东回来，把山东造反的情况报告了秦二世。二世很生气，就把谒者交给主管官吏去处理。后边的使者回来，秦二世问他，使者知道皇帝不喜欢听坏消息，就说假话："那不过是一群盗匪，郡守、郡尉正在追捕，现在全部抓获了，不值得担心。"秦二世高兴了，依旧吃喝玩乐。

赵高劝说二世道："先帝登位治理天下时间很久，所以群臣不敢做非分之事，不敢进言异端邪说。现在陛下正年轻，刚登皇位，怎么能跟公卿在朝廷上议决大事呢？事情如果有错误，就让群臣看出了自己的弱点。天子称'朕'，朕既然有征兆的意思，本来就是不让别人听到他的声音。"于是二世经常居住在深宫之内，只跟赵高一个人决定各种事情。从这以后公卿很少有机会朝见皇上。赵高也借这个机会独霸朝政，最后害死了秦二世。

16

宁愿斗智 不能斗力

项羽捉住了刘邦的父亲，他做了一张高腿案板，把刘邦父亲太公搁置在上面，向刘邦宣告说："如果不赶快投降，我就把老头煮死。"刘邦为了天下，老婆儿子都遗弃几次了，根本不理会，说："我和项羽作为臣子一块接受了怀王的命令，曾说'相约结为兄弟'，这样说来，我的老子也就是你的老子，如果你一定要煮了你的老子，就希望你能分给我一杯肉汤。"项羽大怒，知道面对流氓不能讲义气，就要杀刘邦父亲。项伯说："天下事还不知道怎么样，再说要夺天下的人是不顾及家人的，即使杀了他也不会有什么好处，只会增加祸患罢了。"项王心软，听从了项伯的话。

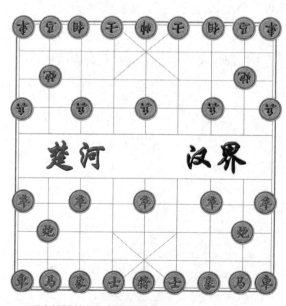

后人根据楚汉相争发明了象棋

楚、汉长久相持，胜负未决。年轻人厌倦了长期的军旅生活，老弱也因水陆运输而十分疲惫。项羽也厌倦了，就对汉王说："天下纷纷乱乱好几年，只是因为我们两人。我希望跟汉王挑战，决一雌雄。再不要让百姓白白地受苦啦。"刘邦心中好笑，他怎么会不知道项羽的厉害，在当时可着劲找人，也没有一个打得过项羽，项羽就是当时的战神。他怎么会愚蠢到亲自上阵去拼杀，那就是去送死，还不带出现意外的。于是笑着回绝说："我宁愿斗智，不能斗力。"项羽让勇士出营挑战，汉军有善于骑射的楼烦，楚兵挑战好几次，楼烦每次都把他们射死。项羽大怒，就亲自披甲持戟出营挑战。楼烦搭箭正要射，项羽瞪大眼睛向他大吼一声，楼烦吓得眼睛不敢正视，两只手不敢放箭，转身逃回营垒，不敢再出来。汉王派人私下打听，才知道原来是项羽。可见当时项羽的威势了吧！

结果大家都知道，斗智的刘邦得了天下，斗力的项羽自刎乌江，任何时代，斗智的都比斗力的活得长久，要不为何有"劳心者治人，劳力者治于人"的说法呢！

17

得民心者得天下

公元前206年，刘邦领兵向西进入咸阳，众将领都争先恐后地奔往秦朝贮藏金帛财物的府库瓜分财宝。刘邦看到秦王朝的宫室、帷帐、名种狗马、贵重宝器和宫女数以千计，也想留下来在皇宫中居住。樊哙劝谏说："您是想拥有天下，还是只想做一个富翁啊？这些奢侈华丽之物，都是招致秦朝覆灭的东西，您要它们有什么用呀！望您尽快返回霸上，不要滞留在宫里！"刘邦不听，想过享乐的生活。张良说："秦朝因为不施行仁政，所以您才能够来到这里。为天下人铲除残民之贼，把抚慰人民作为根本。现在刚刚进入秦的都城，就要安享其乐，这即是人们所说的'助桀为虐'了。希望您能听取樊哙的劝告！"刘邦知道不能因小失大，就率军返回霸上。

十一月，刘邦将各县的父老和有声望的人全都召集起来，对他们说："乡亲父老们，你们遭受秦朝严刑苛法的苦累已经很久了！我与各路诸侯约定，先

现代塑像《刘邦像》

入关中的人为王。据此我就应该在关中称王了。如今与父老们约法三章：杀人者处死，伤人者和抢劫者抵罪。除此之外，秦朝的法律统统废除，众官吏和百姓都照旧安定不动。我到这里来，是替父老们除害，而不是来欺凌你们的，请你们不必害怕！况且我领兵回驻霸上，不过是为了等各路诸侯到来后订立一个约束大家行为的规章罢了。"随即派人和秦朝的官吏一起巡行各县、乡、城镇，向人们讲明道理。秦地的百姓都欢喜异常，争相拿着牛、羊、酒食来慰问款待刘邦的官兵。刘邦又辞让不肯接受，说道："仓库中的粮食还很多，并不缺乏，不想让百姓们破费。"百姓们于是更加高兴，唯恐刘邦不在秦地称王。其实百姓的要求很简单，能过上稳定的生活，没有苛捐杂税就知足了。刘邦得到了民心，得到天下指日可待！

18

花费四万斤黄金的反间计

一次，汉王刘邦对陈平发牢骚说："天下如此纷乱，什么时候才能安定呢？"陈平说："项王为人谦恭有礼，对人爱护，具有清廉节操、喜欢礼仪的士人多归附他。到了论功行赏、授爵封邑时，却又吝啬这些爵邑，士人因此又不愿归附他……大王如果能舍得拿出几万斤黄金，施行反间的计谋，离间楚国的君臣，让他们互生怀疑之心，项王为人猜忌多疑，听信谗言，他们内部定会互相残杀。汉军可趁机发兵攻打他们，击败楚军是一定的。"刘邦认为陈平说得对，于是拿出黄金四万斤给陈平，听凭他使用，不过问他的支出情况。

陈平用了很多黄金在楚军中进行离间活动，在众将中扬言钟离昧等人作为项羽的将领，功劳很多，但始终不能划地封王，他们打算跟汉王联合起来，消灭项羽，瓜分楚国的土地，各自为王。项羽果然猜疑起来，不再信任钟离昧等人。

项羽已经怀疑上钟离昧等人以后，派遣使者到汉军那里打探。汉王就故意备下丰盛的酒宴，命人端进。见到楚王的使者，汉王就佯装吃惊地说："我还以为是亚父的使者，原来竟是楚王的使者！"又让人把酒肴端走，换上粗劣的饭菜端给楚王的使者。楚王使者回去以后，把这些情况禀告给项羽。项羽果然大大地怀疑起亚父范增。范增想急速攻下荥阳城，项羽不信任他，不肯听从。范增闻知项羽在怀疑自己，就生气地说："天下的大事基本定局了，君王自己干吧！我请求辞职告老还乡！"他回乡还没有到达彭城，就因背上毒疮发作而死。项羽没有了范增的帮助，继续他的莽夫行为，最终输给了斗智的刘邦。

19

打仗需要师出有名

项羽假意推尊楚怀王为义帝，说道："古代的帝王辖地千里，却必定要居住在江河的上游地带。"于是就把义帝迁移到长江以南，定都在长沙郡的郴县。

项羽划分天下土地，封各位将领做侯王，自立为西楚霸王，管辖原魏国和楚国的九个郡，建都彭城。公元前206年，项羽派人催促义帝快到郴地去。公元前205年十月，项羽秘密派遣九江王、衡山王、临江王去攻打义帝，在长江上杀死了他。

项羽往北抵达城阳。齐王田荣领兵与楚军会战，兵败后田荣逃到平原，平原的百姓把他杀了。项羽于是又重立田假为齐王。接着，项羽就北进至北海一带，焚烧、铲平城郭、房屋，活埋田荣的降兵，掳掠齐国的老弱、妇女，所经过的地方多遭破坏毁灭。齐国的百姓因此便纷纷聚集起来反叛项羽。

汉王刘邦这时率军南下度过平阴津，抵达洛阳新城。新城县的三老董公拦住汉王劝说道："我听说'顺德者昌，逆德者亡'；'师出无名，事情就不能成功'。大王您应当率领三军将士为义帝穿上丧服，以此通告诸侯王，共同讨伐项羽。这样一来，四海之内没有人不仰慕您的德行的，这可是像夏、殷、周三王那样的行为啊！"

刘邦认为这是个绝佳的机会，于是便为义帝发丧，裸露着左臂痛哭流涕，全体举哀三天，并派使者向各路诸侯通报说："天下共同拥立义帝，对他北面称臣。现在项羽却把义帝杀害在江南，纯属大逆不道！我要出动关中的全部兵马，征收河南、河东、河内地区的士兵，乘船沿长江、汉水南下，愿意追随诸侯王去攻打楚国这个杀害义帝的逆贼！"果然响应者很多，并最终打败了项羽。

20

委屈才能求全

公元前193年，楚元王刘交、齐悼惠王刘肥都前来朝见。十月的一天，汉惠帝与齐王在太后面前宴饮，惠帝因为齐王是兄长，就按家人的礼节，请他坐上座。吕太后见此大怒，就叫人倒了两杯毒酒放在齐王面前，让齐王起来向她献酒祝寿。齐王站了起来，惠帝也站起来，端起酒杯要一起向太后祝酒。太后害怕了，急忙站起来倒掉了惠帝手里的酒。齐王觉得奇怪，因而没敢喝这杯酒，就装醉离开了席座。事后打听，才知道那是毒酒，齐王心里很害怕，认为不能从长安脱身了，非常焦虑。

齐国的内史向齐王献策说："太后只有惠帝和鲁元公主两个孩子。如今大王您拥有七十多座城，而公主只享食几座城的贡赋。大王如果能把一个郡的封地献给太后，来做公主的汤沐邑，供公主收取赋税，太后一定高兴，您也就不必再担心了。"于是齐王就献上城阳郡，为了讨好吕太后，并违背常礼尊自己的异母妹鲁元公主为王太后。吕后很高兴，就接受了。于是在齐王在京的官邸摆设酒宴，欢饮一番，酒宴结束，就让齐王返回封地了。

21

一封信解决问题

汉文帝派遣陆贾出使南越国，带去文帝致赵佗的一封书信，信中先是自谦一番，接着说正题：前几日听说大王在边境一带发兵，不断侵害劫掠。当时长沙国受害，而南郡尤其严重；即便是大王治理下的南越王国，难道就能在战争中只获利益而不受损害吗！战事一起，必定使许多士卒丧生，将吏伤身，造成许多寡妇、孤儿和无人赡养的老人；朕不忍心做这种得一亡十的事情……愿与大王共弃前嫌，自今以后，互通使者往来，恢复原有的良好关系。

陆贾到达南越。南越王赵佗见了文帝书信，十分惶恐，因为他知道凭借他的国力比起汉朝来，差太多了，要是汉朝真的认真起来，发来大兵，他这个小国家早消失了。于是他顿首谢罪，表示愿意遵奉皇帝明诏，永为藩国臣属，遵奉贡纳职责。汉文帝一封信解决了边境问题。

22

战争不讲情义

公元前154年，吴、楚等七国叛乱。周亚夫由中尉升任太尉，领兵攻打吴、楚叛军。周亚夫亲自请示皇帝说："楚兵勇猛轻捷，很难与他们交战取胜。我希望先把梁国放弃，让他们进攻，我们去断绝他们的粮道，这样才能把他们制服。"汉景帝同意这个意见。

太尉周亚夫把各路军队会合到荥阳之后，吴国叛军正在进攻梁国，梁国形势危急，请求援救。而周亚夫却领兵向东北跑到昌邑，深沟高垒据守不出。梁国天天派使者向周亚夫求救，周亚夫认为坚守有利，不肯去救。梁国上书报告景帝，景帝随即派使者诏令周亚夫救梁。周亚夫不遵从皇帝的诏令，坚守营垒仍不出兵，而是派遣轻骑兵由弓高侯等人率领去断绝吴、楚叛军后方的粮道。吴国军队缺乏粮食，士兵饥饿，屡次挑战，可是汉军始终也不出来。后来吴兵缺粮食，于是就撤退离去。周亚夫派精兵去追击，大败吴军。

吴王濞抛弃了他的大军，与几千名精壮士卒逃跑，逃到江南丹徒自保。汉兵于是乘胜追击，完全俘虏了叛军，并使他们投降，又悬赏千金买吴王之头。过了一个多月，就有越人斩了吴王的头来报告。双方攻守一共只有三个月，吴、楚叛乱就被打败平定了。于是将领们才认识到太尉的计谋是正确的。可是由于这次平叛，梁孝王和太尉有了仇怨。其实战争的目的是胜利，不能讲道义和情谊，古语说：慈不掌兵，若是不顾形势，只讲情义，恐怕自身难保，更别提救人了。

23

说不是就不是 是也不是

　　窦太后喜欢儿子梁王，常让梁王进京城相见。一次，梁王和汉景帝一起陪坐在太后面前，太后对景帝说："我听说殷商的制度亲其兄弟，周朝的制度尊其祖先，其道理是一样的。百年之后，我把梁孝王托付给你。"景帝跪在座席上抬起身子说："是。"宴罢出宫，景帝召集袁盎等精通经术的大臣说："太后说了这样的话，是什么意思？"袁盎等人一齐回答说："太后的意思要立梁王为皇帝的太子。"袁盎等人入宫谒见太后说："太后说要立梁王，那么，梁王死后要立谁？"太后说："我再立皇帝的儿子。"袁盎等人向太后陈述了这样一些史实：宋宣公不立应当继位的嫡子而发生祸乱，祸乱延续了五代而不断绝；不克制小的私心便会贻害大义。太后听了，这才理解其中的道理，因而也就高兴了，随即让梁王返回封国。

　　梁王听说这种意见出自袁盎等大臣，就怨恨起他们来，于是派人来杀袁盎。袁盎回头看到刺客，说："我就是所说的袁将军，你不会弄错人吧？"刺客说："正是你！"刺客杀了袁盎，剑一直插在袁盎的身上。后来官员查看那把剑，是刚刚磨过的。查问长安城中制作或磨砺刀剑的工匠，工匠说："梁国郎官某人曾来磨过这把剑。"以此得知线索，究其根源，连梁王谋反的端倪都查了出来。窦太后听说后，吃不下饭，日夜哭泣，怕杀害梁王。景帝为此很担忧，问公卿大臣怎么办，大臣认为遣精通经术的官吏去处理，才可解除太后之忧。于是派遣田叔、吕季主去处理此案。这两人明白太后的心思，结案归来，走到霸昌厩，取火把梁王谋反的证词全部烧掉，只空手来回奏景帝。景帝问："案子办得怎么样？"回奏说："梁王不知情。参与其事的人，只有他的宠臣羊胜、公孙诡等人罢了。臣等谨按律令诛杀了他们，梁王平安无恙。"景帝也很高兴，知道他们说的是假的，但是也希望听到这个结果，说："赶快去谒见太后。"太后得知梁王没事，才起来坐着吃饭，心情恢复了平静。

24

礼仪教化比不上武力强大

　　公元前105年，乌孙使臣看到汉朝地域广大，回国后向其国王报告，乌孙于是更加重视与汉朝的关系，其旁边的大宛、月氏等国也都服从汉朝。匈奴听说乌孙与汉朝建立联系，感到恼怒，准备出兵攻打乌孙，而乌孙国王害怕匈奴对其发动攻击，派使臣向汉朝表示愿意娶汉朝公主为妻，与汉结为兄弟。汉武帝与群臣商议，决定同意乌孙王的请求。

　　此时，汉朝使者向西越过葱岭，抵达安息国。安息国也派出使者，并将大鸟蛋和精通魔术的黎轩人作为礼品献给汉朝。其他很多小国也都派人随汉使来长安进献礼品，朝见天子，汉武帝非常高兴。西域各国派往汉朝的使臣此来彼去，络绎不绝。汉武帝每次到沿海地区巡游，都要将各国使臣全部带去，遇到大都会或人口稠密的地方，都要从中经过，散发财物丝帛进行赏赐，准备丰厚的物品充分供应，以显示汉朝的富有和宽厚。每逢赏赐，都要大摆酒宴，筑池蓄酒，悬肉为林；又让外国宾客到处参观各个仓库中储存的物品，以显示汉朝的广大富强，使他们倾慕惊骇。

即使这样，也换不来他们对汉朝的尊崇，汉武帝的表面文章换来的只是人家羡慕的目光，根本没有什么尊重和畏惧。西域各国靠近匈奴，他们害怕匈奴攻打他们，常常对匈奴使者怀有畏惧，比对汉使更为恭顺。由此看来，礼仪教化还是比不上武力强大。

25

嘴唇动动就是死罪

颜异因廉洁正直逐步升到九卿高位。汉武帝和张汤商议要制造"白鹿皮币"时，曾询问颜异的意见，颜异说："现在藩王和列侯朝贺时的礼物，都是黑色璧玉，价值才数千钱，而用作衬垫的皮币反而价值四十万，本末不相称。"汉武帝听了很不高兴。张汤是有名的酷吏，与颜异本来就有矛盾，听了这番意见后，心中更加反感。没过多久，恰巧有人来告发颜异，说他非议朝廷，而朝廷让张汤来审理这一案件。

张汤早就想报复颜异，这次机会来了，他自然十分高兴。他想方设法搜集、寻找颜异的罪行。有一次，一位趋炎附势的门客与颜异交谈，谈起了朝廷新颁布的白鹿皮币的法令，说法令中有不够恰当的地方，然后有意地观察颜异的反应。颜异这回比较谨慎，并没有接这话茬儿，只是嘴唇微微一撇，实际上是一句话也没讲。然而张汤根据这一密报，居然定下了颜异的罪行。张汤上奏章给皇上，说颜异身为九卿，看到新的政令有不合适的地方，不上朝进言，却在肚子里诽谤，应当判处死罪（原文是"汤奏当异九卿见令不便，不入言而腹诽，论死"）。结果颜异真被张汤处死了。从此，"腹诽"就成了一种不成文的罪名。在旧社会，凡是诬陷人时往往就援引这一例子，定人家腹诽的罪。

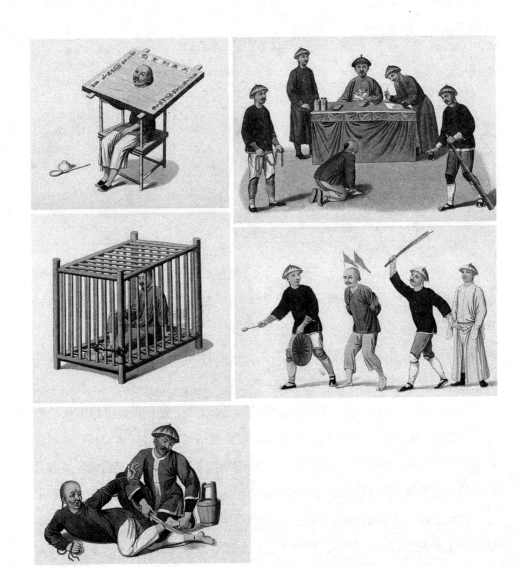

嘉庆六年（1801年）英国伦敦初版《中国刑罚》插图

很多人做事是"先开枪，后瞄准"，这就是世间为什么会发生那么多牺牲、浪费的事情。有句话说：你能看多远，你就能走多远。这就是指预见力，预见力也是对事物发展变化的趋势作出推断和预测的能力。一个人如果缺乏高瞻远瞩，没有预见能力，凡事不懂得或不愿意先作一些估计、判断，就好比"盲人骑瞎马，夜半临深池"，即便是灾难近在眼前，死到临头也浑然不知。

　　预则立，不预则废，在这方面，古人为我们作出了榜样，他们的远见卓识，他们的高瞻远瞩，他们对事情的洞察和预见，真的值得我们好好学习一下了。

1

见微知著 人的欲望是无尽的

有这样一则故事：有个人买了一套非常漂亮的沙发，沙发运来，却发现茶几不配套，于是更换茶几，然后是桌子、椅子，一直到最后，将全部家具都换掉了。这时却又发现，和全新的家具比起来，房子显得老旧了。于是，拆掉旧房，盖成了别墅。最初只是为了一套沙发，结果却多花了几十倍的金钱，这就是"欲无止境"，人是很难战胜自己贪欲的！

商纣即位后，不务国政，吃喝玩乐。纣王最初制作象牙箸时，纣的亲属箕子就悲叹道："他现在制作象牙箸，将来就一定还要制作玉杯；制作玉杯，就一定想把远方的稀世珍宝占为己有。车马宫室的奢侈豪华也必将从这里开始，国家肯定无法振兴了。"箕子进谏，纣王不听。有人劝箕子离开这个国家，箕子说："做人臣的向君主进谏，君主置之不理，便离他而去，这是张扬君主的恶行，哗众取宠于百姓，我不忍心这样做。"于是箕子披头散发、假装疯癫做了奴隶。

纣王就是犯了"为鞍买马"的毛病，不听劝阻，结果就是一路奢侈下去，苦的只是百姓！

2

两个本末倒置

公元前808年，晋穆侯娶了齐女姜氏做夫人。公元前805年，穆侯讨伐条地。夫人生下太子仇。公元前802年，穆侯又得了小儿子，取名成师。晋人师服说："君王给孩子取的名，真奇怪呀！太子叫仇，仇是仇恨的意思。小儿子却叫成师，成师是大名号，是成就他的意思。名字是自己命名的，然而，事物自有规定。现在，嫡长子与庶子取的名字正相反，这以后晋能不乱吗？"果然，到了公元前785年，穆侯去世，弟弟殇叔自己立为君王，太子仇被迫逃亡。公元前781年，穆侯的太子仇率领自己的党徒袭击殇叔自立为国君，这就是文侯。

因为名字本末倒置引发了国家的灾害，这还不算完呢，历史接着演。

公元前746年，文侯仇逝世，儿子昭侯伯即位。昭侯把曲沃封给文侯弟弟成师。曲沃城比翼城大。翼城是晋君的都城。这次是城市的本末倒置了，大臣的城市比皇帝的都城还大，这又是一个本末倒置，灾祸接着上演。

成师被封在曲沃，称为桓叔。靖侯的庶孙栾宾辅佐桓叔。当时桓叔已58岁，崇尚德行，晋国百姓都归附他。君子说："晋国的动乱就在曲沃了。末大于本并且深得民心，不乱还等什么！"公元前739年，晋国大臣潘父杀死国君昭侯，要迎接曲沃桓叔。桓叔也想去晋都，但晋人发兵攻打桓叔。桓叔失败，又回到曲沃。晋人共同立昭侯的儿子平为国君，这就是孝侯。公元前732年，曲沃桓叔逝世，儿子鳝代替桓叔，这就是曲沃庄伯。公元前725年，曲沃庄伯在翼杀死国君晋孝侯。晋人攻打曲沃庄伯，庄伯再回到曲沃。晋人又立孝侯儿子郤为国君，这就是鄂侯。

因为本末倒置，动摇了人们心中的级别观念，不乱等什么啊！

3

虽是迷信 但有教育意义

公元前782年，周宣王逝世，他的儿子幽王宫湦继位。公元前780年，西周都城和附近泾水、渭水、洛水三条河的地区都发生了地震。伯阳甫看到这种自然现象，因为科学的不发达，再加上幽王的昏聩，他就把这种现象和政治结合起来，说："周快要灭亡啦。天地间的阴阳之气，不应该没有秩序；如果打乱了秩序，那也是有人使它乱的……从前，伊水、洛水干涸夏朝就灭亡了；黄河枯竭商朝就灭亡了。如今周的气数也像商、周两代末年一样了，河源的水流又被阻塞，水源被阻塞，河流必定要枯竭。一个国家的生存，一定要依赖于山川，高山崩塌，河川枯竭，这是亡国的征象。河川枯竭了，高山就一定崩塌。这样看来，国家的灭亡用不了十年了，因为十刚好是数字的一个循环。上天所要抛弃的，不会超过十年。"因为地震，果然三川枯竭了，岐山崩塌了。不过这只是自然的力量，不是人为的缘故，古人虽然喜欢把自然现象歪批胡说，但是只要是有益的劝告，也是值得赞扬的！

4

讲诚守信也是帝王风范

公元前681年，齐国征伐鲁国，鲁军眼看失败。鲁庄公请求献出遂邑来媾和，桓公同意，就与鲁人在柯地盟会。将要盟誓之际，鲁国的曹沫在祭坛上用匕首劫持齐桓公，说："归还鲁国被侵占的土地！"桓公只好答应。此举也成就了曹沫的美名。事后，桓公想不归还鲁国被占领土并杀死曹沫。管仲说："如果被劫持时答应了人家的要求，然后又背弃诺言杀死人家，为了自己痛快，而在诸侯中却失去了信义，也就失去了天下人的支持，这样做不值得！"桓公于是就把曹沫三次战败所丢的全部领土归还给鲁国。诸侯闻知，都认为齐国守信而愿意归附。公元前679年，诸侯与齐桓公在甄地盟会，齐桓公从此成为天下诸侯的霸主。

讲诚守信容易博得美名，而美名又能换来效益！公元前663年，山戎侵伐燕国，燕向齐国告急。齐桓公派兵救燕，接着讨伐山戎，到达孤竹后才班师。燕庄王又送桓公进入齐国境内。桓公说："除了天子，诸侯之间相送不出自己国境，我不能对燕无礼。"于是把燕君所至的齐国领土用沟分开送给燕国，让燕君向周王室进贡，很多诸侯闻知后，都服从齐国。

春秋早期虎首立马纹柄剑

5

千里之外去袭击别人会吃大亏

郑国有个人向秦国出卖郑国说："我掌管郑国的城门，可以来偷袭郑国。"秦缪公去问蹇叔、百里奚，两个人回答说："路经数国地界，到千里之外去袭击别人，很少有占便宜的。再说，既然有人出卖郑国，怎么知道我国的人就没有把我们的实情告诉郑国呢？不能袭击郑国。"缪公不理会，认为有便宜可占，于是出兵，派百里奚的儿子孟明视、蹇叔的儿子西乞术和白乙丙率

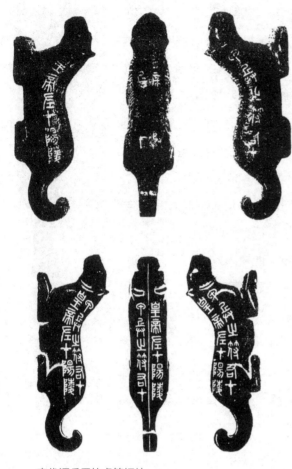

秦代调兵用的虎符拓片

兵。军队出发的那天，百里奚、蹇叔二人对着军队大哭。缪公生气地斥责他们，二位老人说："为臣不敢阻拦军队。只是我俩的儿子随军队前往；如今我们年岁已大，他们如果回来晚了，恐怕就见不着了，所以才哭。"二位老人退回来对他们的儿子说："你们的部队如果失败，一定是在殽山的险要处。"

公元前627年春天，秦国军队向东进发，开进到滑邑，郑国商人弦高带着十二头牛准备去周朝都城出卖，碰见了秦军，他为了郑国就献上他的牛，说："听说贵国要去讨伐郑国，郑君已认真做了防守和抵御的准备，还派我带了十二头牛来慰劳贵国士兵。"秦国的三位将军一起商量说："我们要去袭击郑国，郑国现在已经知道了，去也袭击不成了。"于是灭掉滑邑。滑邑是晋国的边境城邑。

这时候，晋文公死了还没有安葬。太子襄公愤怒地说："秦国欺侮我刚刚丧父，趁我办丧事的时候攻破我国的滑邑。"于是把丧服染成黑色，以方便行军作战，发兵在殽山阻截秦军。晋军发起攻击，把秦军打得大败，没有一个人能够逃脱。晋军俘获了秦军三位将军返回都城。晋文公的夫人是秦缪公的女儿，他替秦国三位被俘的将军求情说："缪公对这三个人恨之入骨，希望您放他们回国，好让我国国君能亲自痛痛快快地煮掉他们。"晋君答应了，放秦军三位将军归国。三位将军回国后，缪公穿着白色丧服到郊外迎接他们，向三人哭着说："寡人因为没有听从百里奚、蹇叔的话，以致让你们三位受了屈辱，你们三位有什么罪呢？你们要拿出全部心力洗雪这个耻辱，不要松懈。"于是恢复了三个人原来的官职俸禄，更加厚待他们。知错能改，缪公算是个有作为的皇帝！

6

傻子不知道自己是傻子

公元前361年，秦孝公在国中下令说：谁能献上奇计，让秦国强盛，我就封他为高官，给他封地。卫国的公孙鞅听到这道命令，就西行来到秦国。

公孙鞅原来在魏国国相公叔痤手下做事，公叔痤深知他的才干，但还未来得及推荐，就重病不起。魏惠王前来看望公叔痤，问道："您如果不幸去世，国家大事如何来处置？"公叔痤说："我手下任中庶子之职的公孙鞅，年纪虽轻，却有奇才，希望国君把国家交给他来治理！"魏惠王不以为然。公叔痤又说："如果国君您不采纳我的建议而重用公孙鞅，那就要杀掉他，不要让他到别的国家去。"魏惠王为了安慰老臣，就答应了。

公叔痤也知道对不起朋友，就又对公孙鞅道歉说："我必须先忠于君上，然后才能照顾属下。所以先建议惠王杀你，现在又告诉你，你赶快逃走吧！"公孙鞅摇头说："国君不能听从你的意见来任用我，又怎么能听从你的意见来杀我呢？"到底没有出逃。魏惠王离开公叔痤，果然对左右近臣说："公叔痤病入膏肓，真是太可怜了。他先让我把国家交给公孙鞅去治理，一会儿又劝我杀了他，岂不是糊涂了吗？"傻子不知道自己是傻子，糊涂人也不知道自己糊涂，魏惠王就属于这种人，目光短浅，注定难成大业。

公孙鞅到了秦国后，托宠臣景监推荐见到秦孝公，陈述了自己富国强兵的计划，孝公大喜过望，从此与他共商国家大事。后来在公孙鞅的治理下，秦国强大起来，为后来的秦始皇统一天下奠定了基础。

7

什么最珍贵——人才

公元前333年，齐威王与魏王在郊外一起打猎。魏王炫耀地问道："大王也有宝物吗？"齐威王说："没有。"魏王夸耀说："像寡人的国家这样小，也还有能照亮前后各十二辆车的直径一寸的夜明珠十颗，齐国这样的万乘之国怎么能没有宝物呢？"齐威王不屑地说："寡人当作宝物的与大王不同。我有个大臣叫檀子的，派他镇南城，楚国人就不敢向东方侵犯。我有个大臣叫盼子的，派他镇守高唐，赵国人就不敢到东边的黄河里捕鱼。我有个官吏叫黔夫的，派他镇守徐州，燕国人和赵国人不断祈祷，不要受攻伐。我有个大臣叫种首的，派他抓捕盗贼，结果就路不拾遗。这些人都好比光照千里，岂止是十二辆车呢！"魏惠王很惭愧，败兴离去。什么最珍贵？人才！有了人才，什么得不到？魏惠王真是鼠目寸光，看不长远！

8

用千金买马头

燕昭王是在燕国被齐国攻破后即位的，他明白皇位来之不易，即位后四处走访、慰问百姓，与百姓同甘共苦，拥有了良好的群众基础。他想向齐国报仇，就用重金来招募人才。让郭隗推荐合适人才。郭隗明白他的心意，就给他讲了一个故事，说："古时候有个君主派一个负责洒扫的涓人用千金去购求千里马，那个人找到一匹已死的千里马，用五百金买下马头带回。君主大怒，涓人解释说：'死马您还买，何况活的呢！天下人知道了，好马就会送上来的。'不到一年，果然得到了三匹千里马。现在大王您打算招致人才，就请先从我郭隗开始，比我贤良的人，都会不远千里前来的。"燕昭王马上明白了，抛砖引玉，马上为郭隗翻建府第，尊他为老师。各地的贤士听说了，果然争相来到燕国：乐毅从魏国来，剧辛从赵国来。昭王奉乐毅为亚卿高位，委托以国家大事。

公元前284年，燕王调动全部兵力，以乐毅为上将军。进军深入齐国。齐国大乱，齐王出逃。乐毅率军进入齐都临淄，搜刮宝物和祭祀重器，运回燕国。燕昭王的仇终于报了，起因就是他尊重人才、任用人才。什么最珍贵？还是人才！

9

才与德是不同的两回事

晋国的智宣子想以智瑶为继承人，族人智果说："他不如智宵。智瑶有超越他人的五项长处，只有一项短处。美发高大是长处，精于骑射是长处，才艺双全是长处，能写善辩是长处，坚毅果敢是长处。唯一短处是不仁厚。如果他以五项长处来做不仁不义的恶事，谁能容忍他？立智瑶为继承人，那么智氏宗族一定灭亡。"智宣子置之不理。智果便向太史请求脱离智族姓氏，另立为辅氏。为的也是避开未来的祸患，因为他看得远！

等到智宣子去世，智襄子智瑶当政，他与韩康子、魏桓子在蓝台饮宴，席间智瑶戏弄韩康子，又侮辱他的家相段规。智瑶的家臣智国听说此事，就告诫说："主公您不提防招来灾祸，灾祸就一定会来了！"智瑶根本不听。

智瑶向韩康子要地，韩康子想不给。智瑶又向赵襄子要蔡和皋狼的地方。后来赵襄子、韩康子、魏桓子三家背叛智瑶。智瑶军队为救水淹而大乱，韩、魏两家军队乘机从两翼夹击，赵襄子率士兵从正面迎头痛击，大败智家军，于是杀死智瑶，又将智家族人尽行诛灭。只有辅果得以幸免。

后世有人评价说：智瑶的灭亡，在于才胜过德。才与德是不同的两回事，才，是指聪明、明察、坚强、果毅；德，是指正直、公道、平和待人。才，是德的辅助；德，是才的统帅。德才兼备称之为圣人；无德无才称之为愚人；德胜过才称之为君子；才胜过德称之为小人。挑选人才的方法，如果找不到圣人、君子而委任，与其得到小人，不如得到愚人。原因何在？因为君子持有才干把它用到善事上；而小人持有才干用来作恶。自古至今，国家的乱臣奸佞，家族的败家浪子，因为才有余而德不足，导致家国覆亡的多了，又何止智瑶呢！

古人的一番言论，今日读来，仍有很多教育意义，可以为我们为人处世作出借鉴！

10

发生灾害就不要再乱花钱了

公元前334年，发生旱灾，韩昭侯不说赈灾，反而修建高大的城门。屈宜臼说："昭侯出不了这座门。为什么呢？因为不合时宜。我所说的时，不是指的时间，人本来就有顺利或不顺利的时候。昭侯曾经顺利过，可是并没有修建高门。去年秦国攻下了他们的宜阳，今年发生旱灾，昭修不在这个时候救济民众的急难，反而是更加奢侈，这就叫作衰败的时候却做奢侈的事情。"公元前333年，高门修成了，昭侯也去世了，果然没能出这座门。他的儿子宣惠王即位。

11

驺忌子是猜谜高手

驺忌子善于弹琴，齐威王很喜欢他，并让他住在宫中的右室。驺忌子进见威王才三个月就被封为丞相。驺忌子自己也很得意。这时，淳于髡见了他说："您真是了不起，但是我有些浅薄的想法，想和你说一说。"驺忌子为人比较诚恳，马上请教。淳于髡说："侍奉国君能周到无误，你的地位和名声就

元代王振鹏《伯牙鼓琴图》

能兴盛；如果稍有不周或失误，身名都要毁灭。"驺忌子明白了，就向他表示谢意。淳于髡接着说："用猪油涂抹棘木车轴，是为了使它润滑，然而，如果轴孔是方形的就无法转动。"驺忌子明白他的意思，说："我必定小心地在国君左右侍奉。"淳于髡又比喻说："拿胶粘用久了的弓干，是为了黏合在一起，然而胶不可能把缝隙完全合起来。"驺忌子也明白了，说："我要使自己依附于万民。"淳于髡说："狐皮袄即使破了，也不能用黄狗皮去补。"驺忌子说："我要小心地挑选君子，不让小人混杂在其中。"淳于髡说："大车如果不校正，就不能正常载重；琴瑟不把弦调好，就不能使五音和谐。"驺忌子说："我会认真制定法律并监督奸猾的官吏。"淳于髡说完后，走出门外，对他的仆人说："这个人，我对他说了五条隐语，他回答我干脆利落，这个人不简单啊，必定还会升迁。"果然，过了整一年，威王把下邳（今江苏邳县西南）封给驺忌子，封号是成侯。

12

孙子的孙子叫什么

田婴原来是齐国宰相，齐湣王即位第三年，赐封田婴于薛邑。田婴有四十多个儿子，他的小妾生了个儿子叫文，田文是五月五日出生的，大概犯了忌讳吧，田婴让把这个孩子丢掉，田文的母亲还是偷偷把他养活了。等他长大后，他的母亲便通过田文的兄弟把田文引见给田婴。田婴见了这个孩子很愤怒，但是田文下拜后问田婴说："您不让养育五月生的孩子，是什么缘故？"田婴回答说："五月出生的孩子，长大了身长跟门户一样高，会害父害母的。"田文说："人的命运是由上天授予呢，还是由门户授予呢？"田婴不知怎么回答好。田文接着说："如果是由上天授予的，您何必忧虑呢？如果是由门户授予的，那么只要加高门户就可以了，谁还能长到那么高呢！"田婴无言以对，便认可了这个儿子。

过了一些时候，田文趁空问他父亲说："儿子的儿子叫什么？"田婴答道："叫孙子。"田文接着问："孙子的孙子叫什么？"田婴答道："叫玄孙。"田文又问："玄孙的孙叫什么？"田婴说："我不知道了。"田文说："您执掌大权担任齐国宰相，到如今已经经历三代君王了，可是齐国的领土没有增广，您的仓库却积贮了万金的财富。我听说，将军的门庭必出将军，宰相的门庭必有宰相，可是您门下也看不到一位贤能之士。您的姬妾穿绫罗绸缎，而贤士却穿不上粗布短衣；您的仆人有剩余的饭食肉羹，而贤士却连糠菜也吃不饱。现在您还一个劲地加多积贮，想留给那些连称呼都叫不上来的人，却忘记国家在诸侯中一天天失势。这样是很难长久的。"田婴听了，十分惊奇，就很器重田文，让他主持家政，接待宾客。宾客来往不断，日益增多，田文的名声随之传播到各诸侯国中。各诸侯国都派人来请求田婴立田文为世子，田婴答应下来。田婴去世后，田文果然在薛邑继承了田婴的爵位。这就是孟尝君。

13

你见过喂饱的狼吗

楼缓本是赵国人，最先跟随赵武灵王，后于公元前306年被遣入秦，楼缓留秦而怨赵国，一直想找机会对赵国不利。

秦国在长平大败赵军，向赵国索取六城，作为和谈的条件。赵王准备派赵郝赴秦国订立和约，允以割让六个县。虞卿劝赵王不要献城。赵王尚未拿定主意，楼缓来到了赵国，赵王便与他商议，楼缓劝赵国献城，想借此损害赵国。

战国时期赵国的布币

虞卿听说了，就来见赵王说："楼缓的计策太危险了！这样做更会使天下猜疑赵国，又哪里能安慰秦国的贪心呢！他为什么只字不提这样做是向天下暴露了赵国的怯懦？再说，我建议不割地给秦国，并非主张绝对不能割地；秦国向您索要六座城，大王却可以拿这六个城去贿赂齐国。齐国是秦国的世代仇家，齐王一定不会等到赵国使臣告辞就答应出兵，于是大王您虽然割地给了齐国，却可以从进攻秦国得到补偿，而且向天下显示赵国尚有所作为。大王如果以此先发制人，那么大兵还未开到边境，就会看到秦国派出使臣带着丰厚礼物，反而来向您讲和。那时再答应秦国的讲和要求，韩国、魏国知道了，一定会对赵国刮目相看，于是大王您一举而与三国结下友好，和秦国交涉也就主动了。"赵王也认识到，只有凶残的狼，只有不知满足的狼，没有喂熟的狼，于是便派虞卿赴东方去见齐王，与他商议联合对付秦国。虞卿尚未回国，秦国果然已经派使者来到赵国了。楼缓见此情形，只好逃离赵国。赵王封给虞卿一座城市。

14

秦始皇长什么样

魏国大梁（今河南开封）人尉缭来到秦国，劝说秦王不要吝惜财物，给各国权贵大臣送礼，利用他们打乱诸侯的计划，将来分而击之，诸侯就可以完全消灭了。秦王听从了他的计谋，会见尉缭时以平等的礼节相待。相传尉缭懂得面相占卜，后来尉缭评价秦始皇说："秦王为人，蜂准、长目、挚鸟膺、豺声，少恩而虎狼心，居约易出人下，得志亦轻食人。"（秦王这个人，高鼻梁，大眼睛，老鹰的胸脯，豺狼的声音，缺乏仁德，而有虎狼之心，穷困的时候容易对人谦下，得志的时候也会看不起他人。我是个平民，然而他见到我总是那样谦下。如果秦王夺取天下的心愿得以实现，天下的人就都成为奴隶了。我不能跟他长久交往。）

相传尉缭曾与弟子王敖一起隐居，但每次秦王都派人把他追回来，从不因此而责备尉缭，甚至替尉缭准备与自己相同规格的衣服和膳食。最后终于得到尉缭的帮助，秦王让尉缭当秦国的最高军事长官，始终采用了他的计谋，秦国因此也一天天强大起来！

15

有人才就有未来

公元前237年，秦国的王族大臣们建议说："各诸侯国到秦国来做官谋职的人，大都是为自己的君主来游说，以挑拨离间我们君臣上下之间的关系，因此，请大王将他们一律驱逐出境。"于是，秦王嬴政下令全国实行大搜查，驱逐外来人。客卿楚国人李斯也在被逐之列，他不甘心离开秦国，就在离开前上书秦王说："从前穆公招纳贤才，由西部戎地选得由余，东方宛城物色到百里奚，在宋国迎取了蹇叔，晋国寻求到丕豹和公孙支。如此，秦国得以兼并二十多个封国，而称霸西戎。孝公任用商鞅实行变法，使各国都亲和服从，以至今日天下大治，国势强盛。惠王采纳张仪的策略，拆散六国的合纵联盟，使它们为秦国效力。昭王得到范雎的辅佐，加强了王室的权力，遏制了贵族家族的势力。这四位君王都是依靠客卿的作用而建功立业的。如此看来，客卿有什么地

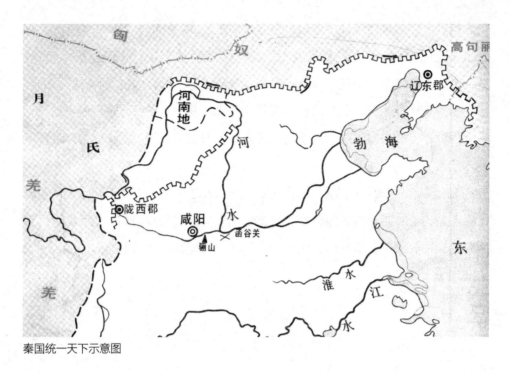

秦国统一天下示意图

方辜负了秦国啊！我听说泰山不辞让细小的泥土，故能成就其巍峨；河海不择除细流，故能成就其深广；圣贤的君王不抛弃民众，故能明示他的恩德。这便是五帝三王能无敌于天下的原因。现在您抛弃那些非秦国籍的平民百姓，使他们去帮助敌国；辞退那些外来的宾客，令他们去为各诸侯效力，这就是所谓的把武器借给入侵者，把粮秣送给盗匪了。"嬴政看了李斯上的这封信，知道自己的措施是错误的，马上召见李斯，恢复他的官职，并撤销逐客令。

后来，嬴政最终采用了李斯的计策，暗中派遣能言善辩的人携带金珠宝玉去游说各国国君。对各国有名望、有势力的人，凡是可以用钱财贿赂的，便出重金收买，结交他们，凡是不肯受贿的，便持利剑刺杀他们。挑拨各国国君与臣民之间的关系，离间他们的感情，然后派良将率兵攻打各国。这样，几年之内，秦国终于兼并了天下。

16

我要赏赐是为了让你放心

公元前226年一天，秦始皇问李信："我打算攻取楚国，由将军估计调用多少人才够？"李信回答说："最多二十万人。"秦始皇又问王翦，王翦回答说："非得六十万人不可。"秦始皇认为王翦老了，李信勇敢。于是就派李信及蒙恬带兵二十万向南进军攻打楚国。王翦的话不被采用，就推托有病，回到家乡养老。结果楚军大败李信部队，秦军大败而逃。

秦始皇听到这个消息，大为震怒，亲自乘车去见王翦道歉。王翦说："大王一定不得已而用我，非六十万人不可。"秦始皇满口答应。于是王翦率领着六十万大军出发了，秦始皇亲自到霸上送行。王翦临出发时，请求赐予许多良田、美宅、园林池苑等。秦始皇说："将军尽管上路好了，何必担忧家里日子不好过呢？"王翦说："替大王带兵，即使有功劳也终究难以得到封侯赐爵，所以趁着大王特别器重我的时候，我也得及时请求大王赐予园林池苑来给子孙后代置份家产吧。"秦始皇听了哈哈大笑起来。王翦出发后到了函谷关，又连续五次派使者回朝廷请求赐予良田。有人说："将军请求赐予家业，也太过分了吧。"王翦说："这么说不对。秦王性情粗暴对人多疑。现在大王把全国的武士调光特地委托给我，我不用多多请求赏赐田宅给子孙们置份家产来表示自己出征的坚定意志，反而让秦王平白无故地怀疑我吗？"王翦从开始就看得长远，这次出征要钱要地，更是长远的保命之计，一般人还真看不透这点啊！公元前224年，秦将王翦果然大败楚军，斩杀楚国将军项燕，楚军于是溃败逃亡。

17

陈平是靠吃白饭起家的

　　陈平年轻时家中贫穷，但是他好学上进，喜欢读书，同哥哥陈伯住在一起。陈伯平常在家种地，让陈平外出求学。陈平长得身材高大，相貌堂堂。有人对陈平说："你家里那么穷，吃了什么长得这么魁梧？"陈平的嫂子恼恨陈平不看顾家庭，不从事劳动生产，说："也不过吃糠咽菜罢了，有这样的小叔子，还不如没有。"陈伯听到这些话，认为妻子不是善良之辈，便休弃了她。

　　等到陈平长大成人该娶媳妇了，富有的人家没有谁肯把女儿嫁给他，娶穷人家的媳妇陈平又感到羞耻。过了好长时间，户牖有个叫张负的富人，他的孙女嫁了五次人，丈夫都死了，没有人再敢娶她。陈平不知道是看重了人家的钱，还是人家的貌，一心想娶她。

　　一次，乡镇中有人办丧事，陈平因为家贫，就去帮忙料理丧事，靠着早去晚归多得些报酬以贴补家用。张负在丧家见到他，相中了这个高大魁梧的陈平；陈平也因为这个缘故，很晚才离开丧家。一次，张负跟着陈平到了陈家，陈家在靠近外城城墙的偏僻小巷子里，拿一领破席就当门了，门外却有很多贵人留下的车轮印迹。张负回家后，对他的儿子张仲说："我打算把孙女嫁给陈平。"张仲说："陈平又穷又不从事生产劳动，全县的人都耻笑他的所作所为，为什么偏把女儿嫁给他？"张负说："哪有仪表堂堂像陈平这样的人会长久贫寒卑贱呢？"终于将孙女嫁给了陈平。因为陈平穷，张家就借钱给他行聘，还给他置办酒宴的钱来娶亲。张负告诫他的孙女说："不要因为陈家穷，就侍奉人家不小心。侍奉兄长陈伯要像侍奉父亲一样，侍奉嫂嫂要像侍奉母亲一样。"陈平娶了张家女子以后，资财日益宽裕，交游也越来越广。陈平为刘邦在楚汉相争中，出了不少计谋，后来在汉文帝时，曾任右丞相，后迁左丞相。

18

韩信眼中的项羽

韩信像（清殿藏本）

刘邦听萧何的话，任命韩信做大将军，任命韩信的仪式结束后，刘邦："丞相多次称道将军，将军用什么计策指教我呢？"韩信谦让了一番，趁势问刘邦说："如今向东争夺天下，难道敌人不是项王吗？"刘邦说："是。"韩信说："大王自己估计在勇敢、强悍、仁厚、兵力方面与项王相比，谁强？"刘邦沉默了好长时间，说："不如项王。"

韩信说：我也认为大王比不上他呀。然而，我曾经侍奉过他，我给你说说项王的为人吧。项王震怒咆哮时，吓得千百人不敢稍动，但不能放手任用有才能的将领，这只不过是匹夫之勇罢了。项王待人恭敬慈爱，言语温和，有生病的人，心疼得流泪，将自己的饮食分给他，等到有的人立下战功，该加封晋爵时，把刻好的大印放在手里玩磨得失去了棱角，舍不得给人，这就是所说的妇人的仁慈啊。

……

　　"项王军队所经过的地方，没有不横遭摧残毁灭的，天下的人大都怨恨，百姓不愿归附，只不过迫于威势，勉强服从罢了。虽然名义上是霸主，实际上却失去了天下的民心。所以说他的优势很容易转化为劣势。如今大王果真能够与他反其道而行：任用天下英勇善战的人才，有什么不可以被诛灭的呢？用天下的城邑分封给有功之臣，有什么人不心服口服呢？以正义之师，顺从将士东归的心愿，有什么样的敌人不能击溃呢……如今大王发动军队向东挺进，只要一道文书三秦封地就可以平定了。"刘邦听了，豁然开朗，特别高兴，自认为得到韩信太晚了。就听从韩信的谋划，部署各路将领攻击的目标。

19

脱光就表示真没钱了

　　项羽攻占土地到黄河边上，陈平前往投奔项羽，跟随项羽入关攻破秦国，项羽赐给他卿一级的爵位。项羽东归，在彭城称王，汉王刘邦回军平定三秦向东进军，殷王反叛楚国。项羽于是封陈平为信武君，让他率领魏王咎留在楚国的部下前往，击败并降服了殷王而凯旋。项羽派项悍任命陈平为尉，赏给他黄金二十镒。

　　过了不久，汉王刘邦又攻下殷地。项羽大怒，准备杀掉前次平定殷地的将领吏。陈平害怕被杀，便封好项羽赏给他的黄金和官印，派人送还项羽，自己单身拿着宝剑抄小路逃走。陈平横渡黄河，船夫见他单身独行，怀疑他是逃亡的将领，腰中定当藏有金玉宝器，就盯着陈平，打算杀掉他。陈平很害怕，想了一个主意，就解开衣服赤身露体，还帮助船夫撑船。船夫这才知道他身上一无所有，就没有下手，陈平得以活命。

20

皇帝大力封赏未必是好事

汉高祖刘邦还是平民时，萧何多次凭着官吏的职权保护他。刘邦当了亭长，萧何常常帮助他。等到刘邦起事做了沛公，萧何常常作为他的助手督办公务。刘邦多次弃军败逃而去，萧何常常征发关中士卒，补充军队的缺额。

公元前204年，刘邦与项羽对峙于京县、索城之间，汉王刘邦多次派遣使者慰劳丞相萧何。有个叫鲍生的人对丞相萧何说："汉王在前线风餐露宿，却多次派使者来慰劳您，这是有怀疑您的心意。我替您考虑了，不如派您的子孙兄弟中能打仗的人都到军营中效力，汉王必定更加信任您。"于是萧何听从了他的谋划，汉王非常高兴。

公元前196年，陈豨反叛，刘邦亲自率军到了邯郸。平叛尚未结束，吕后采用萧何的计策，杀了淮阴侯韩信，刘邦已经听说淮阴侯被杀，派遣使者拜丞相萧何为相国，加封五千户，并令五百名士卒、一名都尉做相国的卫队。为此许多人都来祝贺，唯独召平表示哀悼。召平对相国萧何说："祸患从此开始了。皇上风吹日晒地统军在外，而您留守朝中，未遭战事之险，反而增加您的封邑并设置卫队，这是因为目前淮阴侯刚刚在京城谋反，对您的内心有所怀疑。设置卫队保护您，并非以此宠信您，希望您辞让封赏不受，把家产、资财全都捐助军队，那么皇上心里就会高兴。"萧何听从了他的计谋，刘邦果然非常欢喜。

21

寻欢作乐不一定就是堕落

刘邦病重时，有人诬陷樊哙"与吕姓结党，只要有一天皇上过世，就要兴兵诛杀赵王如意及其从属"。刘邦大怒，采纳陈平建议，召来绛侯周勃在床前接受诏令："陈平立刻乘驿车，载着周勃，让周勃代樊哙为将军；陈平一到军中，就砍下樊哙的头！"陈平知道，樊哙是刘邦的老朋友了，关键是吕后妹妹吕嬃的丈夫，刘邦因为一时愤怒想杀他，只怕将来要后悔。陈平准备把樊哙囚禁起来交与皇上。返回时听说刘邦去世，他恐怕吕嬃进谗言、吕后听信谗言发怒，便急驾驿站车马先行。赶到宫廷，哭得非常哀痛，趁机在刘邦灵堂内向吕后禀奏处理樊哙一事的经过。吕太后哀怜陈平，任命他做郎中令。后来调任陈平为右丞相。

吕嬃常因从前陈平为刘邦出谋划策捉拿樊哙，多次进谗言说："陈平当丞相不理政务，每天饮美酒，玩弄妇女。"陈平听到后，更加饮酒作乐。吕太后闻知此事，知道陈平没有野心，暗自高兴。她当着吕嬃的面对陈平说："俗语说'小孩和妇女的话不可信'，就看你对我怎么样了。不要怕吕嬃说你的坏话。"吕太后立吕氏宗族的人为王，陈平假装顺从这件事。等到吕太后去世，陈平跟太尉周勃合谋，终于诛灭了吕氏宗族，拥立孝文皇帝即位，此事陈平是主要策划者。公元前178年，丞相陈平去世，谥号为献侯。

22

干哭不掉泪　心有烦恼事

公元前188年八月，汉惠帝逝世。发丧时，吕太后只是干哭，没有眼泪。留侯张良的儿子张辟强任侍中，只有十五岁，他知道是什么原因，就对丞相陈平说："太后只有惠帝这一个儿子，如今去世了，太后只干哭而不悲痛，您知道这里的原因吗？"陈平问："是什么原因？"辟强说："皇帝没有成年的儿子，太后顾忌的是你们这班老臣。如果您请求太后拜吕台、吕产、吕禄为将军，统领两宫卫队南北二军，并请吕家的人都进入宫中，在朝廷里掌握重权，这样太后就会安心，你们这些老臣也就能够幸免于祸了。"丞相照张辟强的办法做了。太后很满意，这才哭得哀痛起来。吕氏家族掌握朝廷大权就是从这时开始的。

23

什么是祖　什么是宗

公元前156年十月，汉景帝下诏给御史："我听说古代帝王，有取天下之功的称为'祖'，有治天下之德的称为'宗'，制定礼仪音乐各有其根据。还听说歌是用来颂扬德行的，舞是用来显扬功绩的。"由于汉景帝是刚即位，在诏书里着实夸赞了汉文帝一番："……我不聪敏，不能认识孝文皇帝的一切。这些都是古代帝王做不到的，而孝文皇帝亲自实行了。他的功德显赫，比得上天地；恩惠广施，遍及四海，没有哪个人不曾得到他的好处。他的光辉如同日月，而祭祀时所用的歌舞却不相称，对此我心中非常不安。应当为孝文皇帝庙制作《昭德》舞，以显扬他的美德。然后将祖宗的功德载入史册，流传万代，永远永远没有尽头，我认为这样做很好。此事交给丞相、列侯、中二千石级的官员和礼官共同制定出礼仪，然后上报给我。"也正是因为有了文帝和景帝的励精图治，汉朝才达到了一个高峰，为汉武帝威震华夏打下了基础！

汉景帝阳陵出土的塑衣式陶俑

24

伴君如伴虎

公元前103年正月，汉武帝任命太仆公孙贺为丞相。当时，国家多事，汉武帝对大臣督责严厉，自公孙弘之后，丞相连续被指控有罪而死。石庆虽然因为谨小慎微而得以善终，但也多次受到谴责。公孙贺被引来举行拜授丞相的仪式时，他知道自己的未来也好不了，不接受印信，叩头在地上，哭着不肯起来。汉武帝不理他，起身而去。公孙贺不得已接受印信，出宫后叹道："我从此危险了！伴君如伴虎，一不小心就会被吃掉啊！"

在中国传统文化这个大系统中，儒学和道教的地位和作用是不容忽视的。古代哲学思想的大成就是儒学，代表人物是孔子，《史记》里面有诸多的描述，讲了儒学人物的趣闻逸事。古代宗教思想的大成是道教，从先期的无为、清修到后来的炼丹、符咒，由于《史记》作者儒学出身，书中对道教没有系统详细的描述，只是讲了一些和宗教有关的迷信故事。

　　人们常说，秦汉之后无纯儒，同样也可以说，秦汉之后无纯道。本节不是阐述儒家和道教的发展和不同，而是将《史记》中关于儒学和宗教的人物故事展现出来，把过去的人文思想与哲学思辨做个展示，供读者鉴赏、品评，不是学术，只是记录。

1

儒者这种人 能说会道

公元前551年，孔子诞生。他刚出生时头顶是凹下去的，所以就给他取名叫丘，字仲尼。孔子三十五岁的时候，鲁国发生了变乱。孔子来到齐国，做了高昭子的家臣，借高昭子的关系接近齐景公。齐景公向孔子请教如何为政，孔子说："国君要像国君的样子，臣子要像臣子的样子，父亲要像父亲的样子，儿子要像儿子的样子。"齐景公听了也没感觉到这是废话，很高兴。

齐景公又向孔子请教为政的道理，孔子说："管理国家最重要的是节约开支，杜绝浪费。"齐景公听了很满意，打算把尼谿的田地封赏给孔子。晏婴劝阻说：儒者这种人，能说会道，是不能用法来约束他们的；他们高傲任性自以为是，不能任为下臣使用；他们重视丧事，竭尽哀情，为了葬礼隆重而不惜倾家荡产，不能让这种做法形成风气；他们四处游说乞求官禄，不能用他们来治理国家。

明代仇英画，文徵明书《孔子圣绩图》

自从那些圣贤相继下世以后，周王室也随之衰微下去，礼崩乐坏已有好长时间了。现在孔子讲究仪容服饰，制定烦琐的上朝下朝礼节，刻意拟定一些老规矩，这些繁文缛节，就是几代人也学习不完，一生也搞不清楚。您如果想用这套东西来改变齐国的风俗，恐怕这不是引导老百姓的好办法。齐景公觉得有道理，以后见了孔子，虽然很有礼貌，可不再问起有关礼的问题了。齐国的大夫中有人想害孔子，孔子听到了这个消息。齐景公对孔子说："我已年老了，没能力提拔你了。"孔子知道在这里也没有啥作为了，于是就离开齐国，返回了鲁国。

2

太有才也不是什么好事

楚昭王想把有户籍登记的七百里地方封给孔子。楚国的令尹子西阻止说："大王派往各侯国的使臣，有像子贡这样的吗？"昭王说："没有。"子西又问："大王的左右辅佐大臣，有像颜回这样的吗？"昭王说："没有。"子西又问："大王的将帅，有像子路这样的吗？"昭王回答说："没有。"子西还问："大王的各部主事官员，有像宰予这样的吗？"昭王回答说："没有。"子西劝说道："现在如让孔丘拥有那七百城土地，再加上那些有才能的弟子辅佐，这不是楚国的福音啊。"昭王听了，心中后怕，就打消了原来的想法。公元前489年秋天，楚昭王死在城父。这一年，孔子六十三岁了，依旧一事无成，因为他太有才华了，无人敢重用他，也没有人用得起他，于是孔子从楚国返回了卫国。

3

老子教导孔子

老子姓李，名耳，字聃，做过周朝掌管藏书室的史官。孔子曾经亲自前

明代文徵明所绘老子像

往周都洛阳，专门拜访老子，向老子请教"礼"。老子先让孔子谈了谈对"礼"的了解和看法，然后告诫孔子说："子所言者，其人与骨皆已朽矣，独其言在耳。且君子得其时则驾，不得其时则蓬累而行。吾闻之，良贾深藏若虚，君子盛德，容貌若愚。去子之骄气与多欲，态色与淫志，是皆无益于子之身。吾所以告子，若是而已。"（你所说的礼，倡导它的人和骨头都已经腐烂了，只有他的言论还在。况且君子时运来了就驾着车出去做官，生不逢时，就像蓬草一样随风飘转。我听说，善于经商的人把货物隐藏起来，好像什么东西也没有，君子具有高尚的品德，他的容貌谦虚得像愚钝的人。抛弃您的骄气和过多的欲望，抛弃您做作的情态神色和过大

的志向，这些对于您自身都是没有好处的。我能告诉您的，就这些罢了。）

告辞时，老子送他们时说："我听说富贵的人是用财物送人，品德高尚的人是用言辞送人。我不是富贵的人，只能窃用品德高尚人的名号，用言辞为您送行。这几句话是：'聪明深察的人常常受到死亡的威胁，那是他喜欢议论别人的缘故；博学善辩识见广大的人常遭困厄危及自身，那是他好揭发别人罪恶的缘故。做子女的忘掉自己而心想父母，做臣下的要忘掉自己而心存君主。'"老子的这些话，是非常有道理的，可惜懂的人不多，孔子是听懂了，所以，孔子后来对老子的评价非常高，他对弟子们说："鸟，我知道它能飞；鱼，我知道它能游；兽，我知道它能跑。会跑的可以织网捕获它，会游的可制成丝线去钓它，会飞的可以用箭去射它。至于龙，我就不知道该怎么办了，它是驾着风而飞腾升天的。我今天见到的老子，大概就是龙吧！"

4

孔子教你求取官职俸禄

颛孙师，是陈国人，字子张。比孔子小四十八岁。子张向孔子学习求取官职俸禄的方法。孔子说："多听人家说，对不懂的，不要妄加评论，有把握的要小心地说，这样能少犯错误；多看人家行事，对不懂的，不要妄加行动，有把握的要谨慎地行动，这样能减少懊悔。说话的错误少、行动的懊悔少，你要求取的官职俸禄就在里面了。"

孔子的话，如今来说就是：多听多看少说话，谨慎恭敬慢行动！

5

孔子也是有替身的

现在很多大明星、大演员，在拍戏时怕受伤，都有长得类似的人做替身，其实古代的孔子也有替身的。

有若，比孔子小四十三岁。孔子逝世以后，学生们都很怀念他。有若长得很像孔子，学生们共同拥戴他当教师，就像当年侍奉孔子一样对待他。有一天，学生进来问他说："从前先生正要出行，就叫同学们带好雨具，不久果真下起雨来。同学们请教说：'先生怎么知道要下雨呢？'先生回答说：'《诗经》里不是说了吗：月亮依附于毕星的位子上，接着就会下大雨。昨天夜里月亮不是宿在毕星的位子上吗？'但有一天，月亮又宿在毕星的位子上，没有下雨。商瞿年纪大了还没有儿子，他的母亲要替他另外娶妻。孔子派他到齐国去，商瞿的母亲请求不要派他。孔子说：'不要担忧，商瞿四十岁以后会有五个男孩子。'过后，果真是这样的。请问先生当年怎么能够预先知道是这样的呢？"有若不是孔子，只是替身，他怎么会知道呢，只好沉默无以回答。学生们站起来说："有先生，请您离开吧，这个位子不是您能坐的啊！"替身就是替身，是永远取代不了真身的。

6

拿的祭品很少　祈求的东西多

淳于髡是齐国的一个入赘女婿。身材不高，为人滑稽，能言善辩，屡次出使诸侯之国，从未受过屈辱。公元前371年，楚国派遣大军侵犯齐境。齐王派淳于髡出使赵国请求救兵，让他携带礼物黄金百斤，驷马车十辆。淳于髡仰天大笑，将系帽子的带子都笑断了。威王说："先生是嫌礼物太少吗？"淳于髡说："怎么敢嫌少！"威王说："那你为什么笑？"淳于髡说："今天我从东边来时，看到路旁有个祈祷田神的人，拿着一个猪蹄、一杯酒，祈祷说：'高地上收获的谷物盛满篝笼，低田里收获的庄稼装满车辆；五谷繁茂丰熟，米粮堆积满仓。'我看见他拿的祭品很少，而所祈求的东西太多，所以笑他。"齐威王听懂了，知道自己太小气了，就把礼物增加到黄金千镒、白璧十对、驷马车百辆。淳于髡告辞起行，来到赵国，果然办成了事，赵王拨给他十万精兵、一千辆战车。楚国听到这个消息，连夜退兵而去。

看看现在寺庙里烧香拜佛的民众，哪个不是贡品少、乞求多呢？不是神佛不灵验，是人们的要求太多了！

7

对待文人要尊敬

晏平仲，名婴，是齐国莱地夷维人。他辅佐了齐灵公、齐庄公、齐景公三代国君，在齐国受到人们的尊重。

越石父是个贤才，正在被囚禁之中。晏子外出，在路上遇到他，就把他赎出来，用车拉回家。晏子没什么表示就走进内室，过了好久没出来，越石父一见没人理会，就请求与晏子绝交。晏子大吃一惊，匆忙整理好衣帽道歉说："我即使说不上善良宽厚，也总算帮助您从困境中解脱出来，您为什么这么快就要求绝交呢？"越石父说："你说得不对，我听说君子在不了解自己的人那里受到委屈，而在了解自己的人面前意志就会得到伸张。当我在囚禁之中，那些人不了解我。你既然已经受到感动而醒悟，把我赎买出来，这就是了解我；了解我却不能以礼相待，还不如在囚禁之中。"晏子听了，知道他较真了，也明白对待文人要尊重，就请他进屋待为贵宾。

文人自古有傲骨，一般人不了解这一点，就无法和文人深入交流啊！

8

我不说不等于我不知道

一次，有个宾客向梁惠王推荐淳于髡，梁惠王单独坐着两次接见他，可是他始终一言不发。梁惠王感到很奇怪，就责备那个宾客说："你称赞淳于先生，说连管仲、晏婴都赶不上他，等到他见了我，我是一点收获也没得到啊。难道是我不配跟他谈话吗？这是为什么呢？"那个宾客把梁惠王的话告诉了淳于髡。淳于髡说："哎呀，我前一次见大王时，大王的心思全用在相马上；后一次再见大王，大王的心思却用在了声色上，我说啥他也不会听进去，我只有沉默不语。"那个宾客把淳于髡的话全部报告了梁惠王，梁惠王大为惊讶，说："哎呀，淳于先生真是个圣人啊！前一次有个人献上一匹好马，我还没来得及相一相，恰巧淳于先生来了。后一次又有个人献来歌伎，我还没来得及试一试，恰巧淳于先生又来了。我接见淳于先生时虽然喝退了身边侍从，可是心里却想着马和歌伎，是有这么回事。"

梁惠王知道了自己的不足，就认真地和淳于髡谈了一次，两人专注交谈了很久。梁惠王受益匪浅，打算封给淳于髡卿相官位，淳于髡客气地推辞不受便离开了，他终生没有做官。

中国邮政 2014 年发行的元代赵孟钴绘《浴马图》

9

白马不是马　是什么

公元前298年，赵王封弟弟赵胜为平原君。平原君好养士，门下的食客常有几千人。其中有个公孙龙，善于作"坚白同异"的辩论考证，平原君尊他为座上宾。孔穿（字子高，战国鲁人，孔箕之子，孔子七代孙）从鲁国来到赵国，与公孙龙辩论"奴婢有三个耳朵"的观点，公孙龙辩解十分精微，孔穿无以对答，一会儿就告辞了。第二天他再见平原君，平原君问："昨天公孙龙的一番论述头头是道，先生觉得如何？"回答说："是的，他几乎能让奴婢真的长出三只耳朵来。说起来虽然如此，实际上是困难的。我想再请教您：现在论证三个耳朵十分困难，又非事实；论证两个耳朵十分容易而确属事实，不知道您将选择容易、真实的，还是选择困难、虚假的？"平原君也哑口无言。第二天，平原君对公孙龙说："您不要再和孔穿辩论了，他的道理胜过言辞，而您的言辞胜过道理，最后肯定占不了上风。"

邹衍路过赵国，平原君让他和公孙龙辩论"白马非马"的观点。邹衍说："算了吧。所谓辩论，应该表明自己的观点，让别人理解，最终，辩论的胜者能坚持自己的立场，不胜者也能得到他所追求的真理，这样的辩论是可以进行的。如果用繁文缛节来作为凭据，用巧言饰词来互相诋毁，用华丽辞藻来偷换概念，吸引别人使之不得要领，就会妨害治学的根本道理。那种纠缠不休，咄咄逼人，总要别人认输才肯住口的做法，有害君子风度，我邹衍是决不参加的。"在座的人听罢都齐声叫好。从此，公孙龙便受到了冷落。

10

秦始皇有没有焚书坑儒呢

公元前213年，一位朝廷的高官淳于越反对当时实行的"郡县制"，要求根据古制，分封子弟。丞相李斯加以驳斥，并主张禁止"儒生"（读书人）以古论今，以私学诽谤朝政。丞相李斯说："……我请求让史官把不是秦国的典籍全部焚毁。除博士官署所掌管的之外，天下敢有收藏《诗》《书》、诸子百家著作的，全都送到地方官那里去一起烧掉。有敢在一块儿谈议《诗》《书》的处以死刑示众，借古非今的满门抄斩……"秦始皇采纳李斯的建议，下令焚烧《秦记》以外的列国史记，对不属于博士馆的私藏《诗》《书》等也限期交出烧毁；有敢谈论《诗》《书》的处死，称赞过去的而议论现在政策的灭族；禁止私学，想学法令的人要以官吏为师。这种措施引起许多读书人的不满。

法国国家图书馆藏《帝鉴图说》秦始皇焚书坑儒

第二年，秦始皇嬴政狂热地迷上了仙人和不死神药，四处笼络和招揽术士，酬以重金，很多术士云集咸阳，有为名的、有为利的，一晃六年时间过去了，连仙人和不死神药的影也没见着。术士们不免心虚起来，就想找借口逃走。其中有名气的侯生、卢生知道自己没有好果子吃，就逃跑了。秦始皇听说二人逃跑，十分恼怒，认为这批文章博学之士和有各种技艺的方术之士，没能振兴太平，最后花费的钱以数万计算，也没找到奇药，还背地诽谤皇帝，真是太过分了。于是查抄在咸阳的术士。

还没来得及逃离咸阳的术士们被悉数缉拿归案，关押一处。严刑拷打之下，他们没有一点节操，为求自免，互相揭发，乃至不惜编造，牵引诬告。审理下来，得犯禁者四百六十余人，皆坑于咸

法国国家图书馆藏《帝鉴图说》秦始皇派遣使者求仙

阳。此一事件，后世往往和焚书并列，合称为焚书坑儒。其实，所谓坑儒，本只是对良莠不齐的术士队伍的一次清理整顿而已。这被活埋的四百六十余人，乃是候星气、炼丹药的术士，并非儒生。

首先提出坑儒的，是在东晋年间。梅颐献《古文尚书》里把坑术士第一次变性为坑儒。后来，随着《古文尚书》被定为官书，坑儒的说法于是沿袭下来，遂成定论。到了清代，梅颐所献的《古文尚书》伪书的身份已成盖棺定论。

11

不要小看读书人

刘邦攻打楚国，在彭城失利后从梁地撤退，来到虞县，很沮丧地对身边亲近的人说："像你们这些人，不配共同谋划天下大事。"负责传达禀报的随何

近前说："我不理解陛下说的是什么意思？"汉王说："谁能替我出使淮南，让他们发动军队，背叛楚国，在齐国把项羽牵制几个月，我夺取天下就万无一失了。"随何见刘邦看不起读书人，就请求去试试，刘邦给了他二十人一同出使淮南。到达后，淮南王接见了他。随何问淮南王为什么和楚国那么亲近？淮南王说："我以臣子的身份侍奉他。"随何劝说道："只要您出兵背叛楚国，项羽一定会被牵制，只要牵制几个月，汉王夺取天下就可以万无一失了。汉王一定会分割土地封赐大王，又何况你这淮南，必定还是你的啊。"淮南王英布也是明白事理的人，知道天下大势所趋，就听从了，出兵攻打楚国。

后来天下平定，刘邦置酒设宴，却贬低随何的功劳，说随何是迂腐保守、不合时宜的读书人，治理天下怎么能任用这样的人呢。随何就说："当陛下带兵攻打彭城时，项羽还未曾出兵去齐国，陛下调动步兵五万，骑兵五千，能凭这点兵力夺取淮南吗？"刘邦说："不能。"随何说："陛下派我和二十人出使淮南，一到，陛下就如愿以偿，这是我的功劳比步兵五万、骑兵五千还要大呀。可是陛下说我是迂腐保守不合时宜的读书人，这是怎么回事呢？"刘邦感到很羞愧，就任用随何为护军中尉。

12

顺势而为 不要逆势而动

叔孙通因为知识渊博被秦国征召入宫，后来逃离都城，投靠了刘邦。当初，叔孙通投降刘邦时，跟随的儒生弟子有一百多人，可是叔孙通从来不说推荐他们的话，而专门称说推荐那些曾经聚众偷盗的勇士。儒生弟子们都暗地骂他道："伺候先生几年，幸好能跟他投降汉王，如今不能推荐我们，却专门推荐特别奸狡的人，是什么道理？"叔孙通听到骂他的话，就对儒生们说："汉王正在争夺天下，各位儒生难道能上阵杀敌吗？所以我先要赞扬斩将夺旗能冒死厮杀的勇士。各位姑且等等我，我不会忘记你们的。"刘邦任命叔孙通做博士，称为稷嗣君。

公元前202年，天下已经统一，刘邦当上了皇帝。当时汉刘邦把秦朝的那些严苛的仪礼法规全部取消，只是拟定了一些简单易行的规矩。可是群臣在朝廷饮酒作乐争论功劳，醉了有的狂呼乱叫，甚至拔出剑来砍削庭

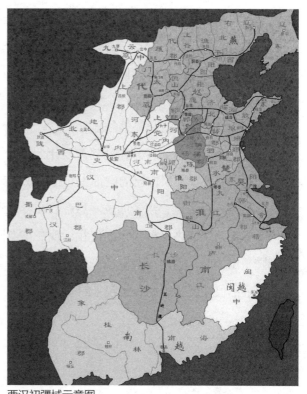

西汉初疆域示意图

中立柱，刘邦为这事感到头疼。叔孙通知道皇帝越来越讨厌这类事，就劝说道："那些儒生很难为您进攻夺取，可是能够帮您保守成果。我希望征召鲁地的一些儒生，跟我的子弟们一起制定朝廷上的仪礼。"刘邦说："可以试着办一下，但要让它容易通晓，大家都能够做得到的。"

叔孙通奉命征召了鲁地儒生三十多人。与征来的三十人一起向西来到都城，他们和皇帝左右有学问的侍从以及叔孙通的弟子一百多人，在郊外拉起绳子作为施礼的处所，立上茅草代表位次的尊卑进行演练。演习了一个多月，叔孙通说："皇帝可以来视察一下。"皇帝视察后，让他们向自己行礼，演示下来，刘邦很高兴，于是命令群臣都来学习。

公元前200年，长乐宫已经建成，各诸侯王及朝廷群臣都来朝拜皇帝参加岁首大典。大典仪式非常隆重，这全是叔孙通们的功劳。之后，刘邦非常得意地说："我今天才知道当皇帝的尊贵啊。"于是授给叔孙通太常的官职，赏赐

黄金五百斤。

叔孙通顺便进言说：“各位弟子儒生跟随我时间很久了，跟我一起制定朝廷礼仪，希望陛下授给他们官职。”刘邦让他们都做了郎官。叔孙通出宫后，把五百斤黄金，都分赠给各个儒生了。这些儒生都高兴地说：“叔孙先生真是大圣人，通晓当代的紧要事务。”

叔孙通真是有大智慧，刘邦需要什么就提供什么，是真正的识时务者，人在江湖，只要找准了自己的位置，何愁不成功呢！

后来刘邦去世，惠帝即位。惠帝曾在春天到离宫出游，叔孙通说：“古时候有春天给宗庙进献樱桃果的仪礼，现在正当樱桃成熟的季节，可以进献，希望陛下出游时，顺便采些樱桃来献给宗庙。”皇帝答应办这件事。以后进献各种果品的仪礼就是由此兴盛起来的。

13

马上得天下 马下治天下

陆贾是楚国人，以幕僚宾客的身份随从刘邦平定天下，当时人们都称他是很有口才的说客，刘邦任命陆贾为太中大夫。

陆贾在刘邦面前时常谈论《诗经》《尚书》等儒家经典，听到这些，刘邦很不高兴，就对他大骂道：“老子的天下是靠骑在马上打仗打出来的，哪里用得着《诗》《书》？”陆贾回答说：“您在马上可以取得天下，难道您也可以在马上治理天下吗？商汤和周武，都是以武力征服天下，然后顺应形势以文治守成，文治武功并用，这才是使国家长治久安的最好办法啊……”刘邦听完之后，感觉陆贾是对的，就对陆贾说：“那就请您尝试着总结一下秦朝失去天下，我们得到天下，原因究竟在哪里，以及古代各王朝成功和失败的原因所在。”

这样，陆贾就奉旨大略地论述了国家兴衰存亡的征兆和原因，一共写了十二篇。每写完一篇就上奏给刘邦，刘邦没有不称赞的，后来这部书被称为《新语》。

14

儒家和道教的角力

公元前140年，汉朝建立已经有六十多年了，天下安定，朝廷大臣们都希望天子举行祭祀泰山和梁父山的封禅大典，改换确定各种制度。而皇上也崇尚儒家的学说，就通过贤良方正的科目招纳贤士。赵绾、王臧等人靠文章博学而做官，达到公卿的高位。他们想要建议天子按古制在城南建立宣明政教的明堂，作为朝会诸侯的地方。他们所草拟的天子出巡、封禅和改换历法服色制度的计划尚未完成，正赶上窦太后还在推崇信奉黄帝、老子的道家学说，不喜欢儒术，于是派人私下里察访赵绾等人所干的非法谋利之类的事情，传讯审查赵绾、王臧，赵绾、王臧自杀，他们所建议兴办的那些事情也就废止了。这是一次儒家与道教的较量，关键人物在皇室，谁说了算，谁支持的学说就胜出。

15

忽悠来忽悠去，忽悠死自己

赵国人新垣平自称善于"望气"，得以进见汉文帝。他说长安东北有神，结成五彩之气，于是汉文帝下令在渭阳修建五帝庙。

公元前164年四月，汉文帝在渭阳五帝庙郊祭五帝。这时，汉文帝宠贵新垣平，封为上大夫，赏赐黄金累计一千斤；文帝还让博士、诸生杂采《六经》中的记载，汇集成《王制》，谋划议论巡狩、封禅等事。

九月，新垣平指使人携带玉杯到皇宫门前上书，献宝给文帝。新垣平对文帝说："宫门前有一股宝玉之气移来。"过了一会儿，前去查看，果然有人来献玉杯，杯上刻有"人主延寿"四字。新垣平说："周朝的大鼎沉没在泗水中。现在黄河决口，与泗水相连通，我看东北正对着汾阴有金宝之气，估计周鼎可能会出世吧！它的征兆已经出现了，如果不去迎接，周鼎是不会来的。"这个时候，汉文帝派人在汾阴修庙，南面靠近黄河，想要通过祭祀求得周鼎出世。

公元前163年十月，有人向文帝上书，检举新垣平"所说的一切都是诈骗"，文帝命令司法官员审查，最后，新垣平被诛灭三族。从此之后，汉文帝对于改变历法、服色及祭祀鬼神的事，也就疏怠了。

16

独尊儒术才是正道理

公元前140年十月，汉武帝下诏，令大臣举荐贤良方正、直言极谏的人才，武帝亲自出题，围绕着古往今来治理天下的"道"，进行考试。参加考试的有一百多人。广川人董仲舒在回答说：所谓的"道"，是指由此而达到天下大治的道路，仁、义、礼、乐都是推行"道"的具体方法……平常不招徕和尊重士人，而想求得贤能之臣，就好像不雕琢玉石而想得到花纹美丽的玉器一样。所以，招徕和尊重士人的方法，莫过于兴建太学；太学，是贤士的来源，是推行教化的根本。

……

"现在，每个经师传授的道不同，每个人的论点各异，百家学说旨趣不同，因此，君主没有办法实现统一，法令制度多次变化，臣下不知应该遵守什么。我认为，方向不同，所有不属于儒家'六艺'范围之内，不符合孔子学说的学派，都禁绝其理论，不许它们与儒学并进，使邪恶不正的学说归于灭绝，这样做了就能政令统一、法度明确，臣民就知道该遵循什么了！"

武帝很赞赏董仲舒的对答，任命他做江都国的相。董仲舒的"独尊儒术"影响后世深远，一直到今天！道教和佛教根本没法和儒家相提并论，这都是董仲舒的功劳。

17

百无一用是书生

匈奴来汉朝请求和亲，群臣都到天子跟前议论此事。博士狄山说："和亲有利。"汉武帝问他有利在何处？狄山说："如今自从陛下发兵攻打匈奴，国内因此而财务空虚，边境百姓极为困苦。由此可见，用兵不如和亲。"皇上又问张汤，张汤说："这是愚蠢的儒生，无知。"

狄山说："我固然是愚忠，像御史大夫张汤却是诈忠。像张汤处理淮南王和江都王的案子，用严酷的刑法，放肆地诋毁诸侯，离间骨肉之亲，使各封国之臣自感不安。我本来就知道张汤是诈忠。"皇上正宠信张汤呢，听了这话很不高兴，就说："我派你驻守一个郡，你能不让匈奴进京来抢掠吗？"狄山说："不能。"皇上说："驻守一个县呢？"狄山回答说："不能。"皇上又说："驻守一个边境城堡呢？"狄山自己想到，如果再说做不到，皇上就要把

明代杜堇的文人玩古图（局部）

自己交给法官治罪，因此说："能。"于是皇上就派遣狄山登上边塞城堡。过了一个多月，匈奴斩下狄山的头就离开了。书生不是用来打仗的，谁见过用竹篮子打水呢？不是一种器皿，怎么能混用呢？

18

迷信迷信　一入迷就信了

　　李少君隐瞒了自己的年龄、出生成长的地方，凭借着他的方术周游结交诸侯，没有妻子儿女。人们听说李少君能役使鬼神万物，并有长生不老的方术，纷纷赠送财礼给他，所以他经常有剩余的金钱和衣食用品。人们都认为他不经营产业却很富裕，又不知他是什么地方的人，更加相信他，争着侍奉他。

公元前133年，李少君凭借祭祀灶神求长生不老的方术进见汉武帝，汉武帝很尊敬他。李少君对汉武帝说："祭祀灶神就能招徕奇异之物，招徕了奇异之物就可以使丹砂化为黄金，可以延年益寿，可以见到蓬莱的仙人。见到仙人，进而举行封禅仪式，就可以长生不死，黄帝就是这样的。我曾经在海上漫游，遇见了安期生，他给我枣吃，那枣如同瓜一般大。安期生是仙人，往来于蓬莱仙境，谁和他有缘，他就显身相见，谁和他没缘分，他就隐身不见。"汉武帝也想长生不老啊，就开始亲自祭祀灶神，并派遣方术之士到东海访求安期生之类的仙人，同时干起用丹砂等各种药剂提炼黄金的事来了。

过了许久，李少君病死了。天子以为他是成仙而去并不是死了，就命令黄锤县的佐吏宽舒学习他的方术。访求蓬莱仙人安期生，没有人能找到，而燕、齐沿海一带许多荒唐迂腐的方士却有许多人仿效李少君，纷纷前来谈论神仙之类的事情了。

19

天神中最尊贵的是泰一神

亳县人薄谬忌把祭祀泰一神的方法上奏朝廷。他说："天神中最尊贵的是泰一神，泰一的辅佐神叫五帝，就是五天帝。古时候天子于春秋两季在东南郊祭泰一神，用牛、羊、猪三牲祭祀七天之久，筑祭坛，祭坛八面开有通道，供神鬼来往。"于是汉武帝命令太祝在长安东南郊立泰一神祠，经常按照薄谬忌说的方法供奉和祭祀。那以后，有人上书说："古时天子每三年一次，用牛、羊、猪三牲祭祀三一之神，即天一神、地一神和泰一神。"汉武帝准其奏；命太祝负责在薄谬忌所奏请建立的泰一神坛上祭祀，依照上书人所说的方式进行。后来又有人上书，说："古时候天子经常在春秋两季举行除灾求福的解祠，用食其母的恶鸟枭鸟、食其父的恶兽破镜各一只祭黄帝；用羊祭冥羊神；用一匹青色雄马祭马行神；用牛祭泰一神、皋山山君和地长神；用干鱼祭武夷山神；用一头牛祭阴阳使者神。"汉武帝也命祠官负责此事，按照上书人说的方式，在薄谬忌所奏请建立的泰一神坛旁边举行祭祀。汉武帝时不怕神多，就怕神不管事，不管什么神，先信了再说。

20

招引鬼神其实就是驴皮影

汉武帝有一个宠爱的王夫人死了，据说少翁用方术在夜里使王夫人和灶神的形貌出现。少翁用棉帛裁成李夫人影像，涂上色彩，并在手脚处装上木杆。入夜围方帷，张灯烛，恭请皇帝端坐帐中观看。武帝看罢龙颜大悦，就此爱不释手，于是就封少翁为文成将军，给他的赏赐很多，以宾客之礼对待他。其实少翁使用的就是皮影戏。皮影戏又称"影子戏"或"灯影戏"，是一种以兽皮或纸板做成的人物剪影，在灯光照射下用隔亮布进行演戏，老北京人都叫它"驴皮影"。但是当时科技不发达，人们迷信鬼神，所以少翁能以招引鬼神的方术来赢得汉武帝的欢喜。

少翁说道："皇帝如果想要跟神交往，而宫室、被服等用具却不像神用的，神就不会降临。"于是就制造了画有各种云气的车子，按照五行相克的原则，在不同的日子里分别驾着不同颜色的车子以祛赶恶鬼。又营建甘泉宫，在宫中建起高台宫室，室内画着天、地和泰一等神，而且摆上祭祀用具，想借此招徕天神。过了一年多，他的方术愈加不灵验了，神仙总也不来。少翁就在一块帛上写了一些字，让牛吞到肚里，自己装作不知道，说这头牛的肚子里有怪

清代皮影《西游记》

异。把牛杀了观看，发现有一块帛上写着字，上面的话很奇怪，汉武帝怀疑这件事。有人认得少翁的笔迹，拿出一问，果然是少翁假造的。于是杀了少翁，少翁也算是自作孽不可活。

21

牛皮终有吹破的一天

　　栾大求见汉武帝上谈方术。汉武帝信这个，见了栾大非常高兴。栾大敢说大话，吹牛皮都不带打草稿的。他知道，吹得越大，越能糊弄住汉武帝，他吹嘘说："我曾经在海中往来，见到过安期生、羡门高那些仙人。不过他们认为我地位低下，不信任我……我的老师说：'黄金可以炼成，黄河决口可以堵塞，不死之药可以求得，神仙也可以招来。'……"汉武帝很高兴，以为遇到了神仙，要他先使个小方术，检验一下效果，他就表演斗棋，那些棋子在棋盘上互相撞击。皇上不知道其实那只是用磁石棋子和带磁铁棒搞的骗人把戏。

当时汉武帝正在为黄河决口的事忧虑，而且炼黄金又没有成功，就封栾大为五利将军。燕、齐沿海地区的方士们得知栾大受宠，个个激动振奋，都说自己也有秘方，能通神仙。由此来看，当初秦始皇杀害这类方士，真是没有杀错。

公元前112年，五利将军栾大整装出发，东行入海寻找他的神仙老师。可后来没敢入海，而到泰山去祭祀。汉武帝派人跟踪核查，确实未见神仙踪影，栾大回来后却妄称见到了他的老师。栾大的方术已经用尽，多不灵验，汉武帝便以"诈骗欺罔"之罪将栾大判处腰斩。推荐栾大的乐成侯丁义也被当众斩首。

22

上有所好 下必附焉

齐人公孙卿有一部木简书，公孙卿想通过所忠把这件事奏给汉武帝，所忠见到他的书不正经，怀疑那是荒诞的伪书，因此推辞。公孙卿又通过汉武帝所宠信的人上奏了。汉武帝非常高兴，就把公孙卿召来细问。公孙卿讲了黄帝骑龙升上天的故事。汉武帝说："啊！如果我真能像黄帝那样，那么我看离开妻子儿女只不过就像脱掉鞋子一样罢了。"就封公孙卿为郎官，让他往东到太室山去等候神仙。

这年冬天，公孙卿在河南等候神仙，说是在缑氏城上看到了仙人的脚印，还有个像山鸡一样的神物，往来于城上。武帝亲自到缑氏城查看脚印，怕被欺骗，公孙卿说："仙人并非有求于皇帝，而是皇帝有求于仙人。求仙入道，如果不把时间稍微放宽一些，神仙是不会来的。谈起求神这种事，好像是迂腐荒诞的，其实只要积年累月就可以招徕神仙。"于是各郡国都修筑道路，修缮宫殿观台和名山的神祠，以期待皇帝到来。

这年春天，公孙卿说在东莱山见到了仙人，那仙人好像是说了"想见天子"。武帝于是到了缑氏城，任命公孙卿为中大夫。

公孙卿说："仙人是可以见到的，而皇上去求仙的时候总是太仓促，因此见不到。如今陛下可以修建一座台阁，就像缑氏城所建的一样，摆上干肉枣果之类的祭品，仙人应该是能够招徕的。而且仙人喜欢住楼阁。"于是武帝命令在长安建造蜚廉观和桂观，在甘泉宫建造益延寿观，派公孙卿手持符节摆好祭品，等候仙人。又建造了通天台，在台下摆设祭品，希望招徕神仙之类。又在甘泉宫设置前殿，开始增建宫室。

其实，上有所好，下必甚焉，皇帝喜欢这类，必定有人去迎合。假如汉武帝不信这类神仙方术，谁敢去没事找抽啊！

23

越祠和鸡卜的方法

汉武帝灭了南越之后，越人勇之向汉武帝进言说"越人有信鬼的习俗，而且他们祭祀时都能见到鬼，屡屡见效应。从前东瓯王敬鬼，高寿达一百六十岁。后世子孙怠慢了鬼，所以就衰微下来"。汉武帝信了，就命越地巫师建立越祠，只设台而没有祭坛，也祭祀天神上帝百鬼，是采用鸡卜的方法。皇上相信这些，越祠和鸡卜的方法从此就开始流行起来。

汉武帝举行完封禅大典，后来回顾，所祭祀的神灵已遍及五岳、四渎。而方士们迎候祭祀神仙，去海上寻访蓬莱仙山，最终也没有什么结果。公孙卿之类等候神仙的方士，还是用巨大人脚印做托词来辩解，也是没有效验。这时，汉武帝对方士们的荒唐话越来越厌倦了，然而始终笼络着他们，不肯与他们绝断往来，抱有幻想，总希望有一天能遇到真有方术的人。从此以后，方士们谈论祭神的更多，然而效验究竟怎样，就可以想见了。

第七章 听人劝 吃饱饭 兼听明 偏听暗

　　生活中，谁都难免会有失去理智与耐性的时候，也有考虑不周的时候，学会听人劝是十分重要的。俗话说"听人劝，吃饱饭"。一个人要想成就事业，能在这个世上立足，就得学会适时听从别人劝告，不能一味固执。然而，并不是每个人都能虚怀若谷，正所谓"忠言逆耳""良药苦口"。

　　若对方乃昏庸之辈，劝了他也不会听，不如沉默是金；若对方乃英明之辈，稍加暗示即会明白，用不着大力讽谏。而我们看到历史上多是明知不可为而为之，诤诤之言化为一阵清风，而不听劝者最后的命运多舛。这也提醒我们，不要走古人的老路，该听劝时还是要听！

1

军队不是用来打猎的

　　周穆王五十岁了才继位，当时，周朝已经很衰败了，周穆王看不清形势，还准备去攻打犬戎，祭公谋父劝他说："不能去。我们先王都以光耀德行来服人，而不炫耀武力。军队平时蓄积力量，待必要时才出动，一出动就有威力。如果只是炫耀武力，就会漫不经心，漫不经心就没有人惧怕了……"穆王不听劝，终究还是去征伐西戎了，结果只获得四只白狼和四只白鹿回来，把军队变成了打猎的，得不偿失，从此以后，因为周穆王不讲道义，荒服地区就不来朝见天子了。

法国国家图书馆藏《帝鉴图说》周穆王八骏巡游

2

独占财利，就是强盗

周厉王在位三十年，贪财好利，荣夷公给他大量金钱，他就亲近荣夷公。大夫芮良夫规谏厉王说："王室恐怕要衰微了！那个荣夷公只喜欢独占财利，却不懂得大祸难。财利，是从各种事物中产生出来的，是天地自然拥有的，而有谁想独占它，那危害就大了。天地间的万物谁都应得到一份，哪能让一个人独占呢？独占就会触怒很多人的。荣夷公用财利来引诱您，君王您难道能长久吗？做人君的人，应该是开发各种财物分发给上下群臣百姓。使神、人、万物都能得到所应得的一份，即使这样，还要每日小心警惕，恐怕招来怨恨呢……而如今，君王您却去学独占财利，这怎么能行呢？普通人独占财利，尚且被人称为强盗；您如果也这样做，那归服您的人就少啦。荣夷公如果被重用，周朝肯定要败亡了。"厉王不听劝谏，还是任用荣夷公做了卿士，掌管国事。

后来，公元前841年，发生了国人暴动，人民包围了王宫，袭击厉王，他仓皇而逃，后于公元前828年死于彘（今山西霍县）。他出逃后，召公、周公管理朝政，号为共和。

3

敌人也是分主次的

公元前489年，吴王夫差听说齐景公死后大臣争夺权力，新立之君幼小无

战国时期越国铜剑

势，于是兴兵北伐齐国。伍子胥劝谏说："越王勾践吃饭不设两样以上的菜肴，穿衣不用两种以上的颜色，吊唁死者，慰问病者，这是想到利用民众伐吴报仇啊。勾践不死，必为吴国大患。现在越国是我国的心腹大患，您却不在意重，反而把力量用于齐国，岂非大错特错！"吴王不听，北伐齐国。

越王勾践带领越国群臣朝拜吴王，献上丰厚贡礼，吴王大喜。只有伍子胥心中害怕，说："这是要丢掉吴国啊。"于是劝谏吴王。吴王夫差仍然不听，派伍子胥出使齐国，伍子胥一见，知道吴国早晚会被越国灭亡，就把自己的儿子委托给齐国鲍氏。吴王听说，大怒，认为伍子胥这么早就给自己留后路，明显是看不起自己，就赐剑令其自杀。子胥临死时说："你们在我坟上种上梓树，让它们生长到可以制器的时候吴国就要灭亡了。把我的眼睛挖出来放在吴都东门上，让我看到越国怎样灭掉吴国。"

公元前478年，越国更加强大。越王勾践率兵伐吴，大败吴兵于笠泽。公元前476年，越王勾践再次伐吴。公元前475年，越兵围困吴国。公元前473年十一月，越国打败吴国。越王勾践想把吴王夫差流放甬东，给他万户人家，让他住在那里。吴王说："我老了，不能再侍奉越王。我后悔不听子胥之言，让自己陷到这个地步。"于是自杀而死。越王灭掉吴国。

4

六个手指挠痒痒——多那一道儿

公元前323年，楚国派柱国将军昭阳率军攻打魏国，在襄陵打败魏国，夺取魏国八个城邑。楚国又调军攻打齐国，齐王十分担心，陈轸恰好替秦国出使齐国，齐王说："怎么对付楚国？"陈轸说我有办法让他们撤军。

于是陈轸到楚军中去会见昭阳，说："我想听听楚国的军功法，打败敌军杀死敌将的有功之臣，将赏赐什么？"昭阳说："授予上柱国将军的官职，封给上等爵位，让他手执珪玉。"陈轸说："楚国还有比这个更尊贵的赏赐吗？"昭阳说："令尹。"陈轸说："今天您已经做了令尹，这是楚国最高的官位。我请您允许我打个比方。有人赠给自己的舍人们一杯酒，舍人们说：'几个人喝这杯酒，不够喝的，请大家在地上画一条蛇，谁先画成就赏给谁这杯酒。'一个人说：'我先画好了。'举起酒杯站起身又说：'我能给蛇添上足。'等到他为蛇画好足时，后于他画好蛇的人夺过他的酒一饮而尽，说：'蛇本无足，今天你替它添上足，这就不是蛇了。'今天您身为楚相，来攻打魏国，已打败魏军杀死魏将，没有比这再大的功劳了，可是官职爵禄不可能再增加；假使打不胜，您将要丢掉性命和爵位，给楚国造成不好的声誉，这就是画蛇添足啊。不如率军返楚对齐施恩施德，这才是永处高位的策略啊！"故事里的舍人六个手指挠痒痒，多画了那一道儿，结果反胜为败，这个故事昭阳听懂了，于是率军离开齐国。

5

象牙床 中看不中用

公元前321年，孟尝君代表齐国前往楚国访问，楚王送他一张象牙床。孟尝君令登徒直先护送象牙床回国。登徒直却不愿意去，他对孟尝君门下人公孙戍说："象牙床价值千金，如果有一丝一毫的损伤，我就是卖了妻子儿女也赔不起啊！你要是能让我躲过这趟差使，我有一把祖传的宝剑，愿意送给你。"公孙戍见有利可图，就答应了。他见到孟尝君说："各个小国家之所以都延请您担任国相，是您能扶助弱小贫穷，使灭亡的国家复存，使后嗣断绝者延续，大家十分钦佩您的仁义，仰慕您的廉洁。现在您刚到楚国就接受了象牙床的厚

出土的楚国双龙玉璧

礼，那些还没去的国家又拿什么来接待您呢！"孟尝君听罢回答说："你说得有理。"于是决定谢绝楚国的象牙床厚礼。

公孙戌告辞快步离开，还没出小宫门，孟尝君就把他叫了回来，问道："你为什么那么趾高气扬、神采奕奕呢？"公孙戌只得把赚了宝剑的事如实报告。孟尝君于是令人在门上贴出布告，写道："无论何人，只要能弘扬我田文的名声，劝止我田文的过失，即使他私下接受了别人的馈赠，也没关系，请赶快来提出意见。"能做到这一步，不愧是战国四君子之一啊！

6

一个木偶人与一个土偶人

孟尝君田文为人豪爽，仗义疏财，很多人归附了孟尝君。他的食客有几千人，待遇不分贵贱一律与田文相同。一次，孟尝君招待宾客吃晚饭，有个人遮住了灯亮，那个宾客很恼火，认为饭食的质量肯定不一样，放下碗筷就要辞别而去。孟尝君马上站起来，亲自端着自己的饭食与他的相比，那个宾客惭愧得无地自容，就以刎颈自杀表示谢罪。

秦昭王听说孟尝君贤能，就先派泾阳君到齐国做人质，并请求见到孟尝君，意思是把他囚禁起来，不让齐国强大起来。孟尝君准备去秦国，而宾客都不赞成他去秦国，怕有去无回，他不听，执意前往。这时有个宾客苏代对他说："今天早上我从外面来，见到一个木偶人与一个土偶人正在交谈。木偶人说：'天一下雨，你就要坍毁了。'土偶人说：'我是由泥土生成的，即使坍毁，也要归回到泥土里。若天真的下起雨来，水流冲着你跑，可不知把你冲到哪里去了。'当今的秦国，是个如虎似狼的国家，而您执意前往，一旦回不来，您能不被土偶人嘲笑吗？"孟尝君听后，知道此去危险，才停止了出行的准备。

7

求人办事也要稳得住

公元前277年，齐、楚两国联合起来攻魏，魏国派人到秦国求救，使臣络绎不绝，秦国的救兵却不来。魏国有个叫唐雎的人，九十多岁了，对魏王说："我请求到西方去游说秦王，一定让秦国的军队在我离秦之前出发。"魏王听了很感激，就准备好车辆派他前去。

唐雎到秦国，入宫拜见秦昭王。秦昭王说："老人家不辞辛苦远路来到秦国，来求救的人络绎不绝，寡人知道魏国的危急了。"唐雎回答说："大王既然已经知道魏国的危急却不发救兵，是不是你们出谋划策之臣无能。魏国是有万辆战车的大国，之所以向西侍奉秦国，称为东方藩属，接受秦国赐给的衣冠，春秋两季都向秦国送祭品，是由于秦国的强大足以成为盟国。如今齐、楚的军队已经在魏都的郊外会合，可是秦国还不发救兵，也就是依仗魏国还不太危急吧。假如到了特别危急的时候，它就要割地来加入合纵集团，大王您还去救什么呢？一定要等到危急了才去救它，这是失去东边一个作为藩属的魏围，而增强了齐和楚两个敌国，那么大王您有什么利益呢？"秦昭王一听，也感到事态严重，就马上就发兵援救魏国，魏国才恢复了安定。

唐雎去求人办事，先不说自己的危急，只说为对方考虑，其实这是一种高明的说服技巧，容易被接受，也容易办成事。

8

不能识大局的平原君

平原君赵胜有才气，风度翩翩，但是不能识大局。俗话说："贪图私利便丧失理智"，平原君相信冯亭的邪说，贪图他献出的上党，致使赵国兵败长平，赵军四十多万人被坑杀，赵国几乎灭亡。

平原君回到赵国后，楚国派春申君带兵赶赴救援赵国，魏国的信陵君也假托君命夺了晋鄙军权带兵前去救援赵国，可是都还没有赶到。这时秦国急速围攻邯郸，邯郸告急，将要投降，平原君极为焦虑。邯郸驿舍官员之子李同劝说平原君道："您不担忧赵国灭亡吗？"平原君说："赵国灭亡那我就要做俘虏，为什么不担忧呢？"李同说："邯郸的百姓，拿人骨当柴烧，交换孩子当饭吃，可以说到了最危急的时刻，可是您的后宫姬妾侍女数以百计，侍女穿着丝绸绣衣，精美饭菜吃不了，而百姓却粗布短衣难以遮体，酒渣谷皮吃不饱……现在您果真能命令夫人以下的全体成员编到士兵队伍中，分别承担守城劳役，把家里所有的东西全都分发下去供士兵享用，士兵正当危急困苦的时候，是很容易感恩戴德的。"平原君采纳了李同的意见，得到敢于冒死的士兵三千人。李同就加入了三千人的队伍奔赴战场同秦军决一死战，秦军因此被击退了三十里。这时也凑巧，楚、魏两国的救兵到达，秦军便撤走了，邯郸得以保存下来。李同在同秦军作战时阵亡，赐封他的父亲为李侯。

9

知错就改的魏文侯

魏文侯派乐羊攻打中山国，攻克后封给自己的儿子魏击。魏文侯问群臣："我是什么样的君主？"大家都说："您是仁德的君主！"只有任座说："国君您得了中山国，不用来封您的弟弟，却封给自己的儿子，这算什么仁德君主！"魏文侯勃然大怒，准备处罚任座。魏文侯问翟璜，翟璜有心搭救任座，就回答说："您是仁德君主。"魏文侯问："你何以知道？"回答说："臣下我听说国君仁德，他的臣子就敢直言。刚才任座的话很耿直，于是我知道您是仁德君主。"魏文侯听了很高兴，派翟璜去追任座回来，还亲自下殿堂去迎接，奉为上客。

魏文侯不只是这一件事知错就改，还有很多事情，知道错了就马上改正。

1978 年湖北随州出土的战国时期曾侯乙编钟

一次，与田子方饮酒，文侯说："编钟的乐声不协调吗？左边高。"田子方笑了，魏文侯问："你笑什么？"田子方说："臣下我听说，国君懂得任用乐官，不必懂得乐音。现在国君您精通音乐，我担心您会疏忽了任用官员的职责。"魏文侯认为他说得对，更加励精图治，魏国也更加繁荣强大。

10

瘦死的骆驼比马大

公元前259年，秦国在长平打败了赵国四十多万军队。公元前255年，燕王喜即位。公元前251年，秦昭王去世。燕王派国相栗腹和赵国订立友好盟约，送上五百镒黄金给赵王置酒祝寿。

栗腹回国报告燕王说："赵王国内年轻力壮的人都战死在长平了，他们的孩子还没有长大，可以进攻赵国。"燕王叫来昌国君乐间询问这事情。乐间回答说："赵国是个四面受敌、经常抗战的国家，他的百姓熟悉军事，不可以进攻。"燕王说："我们是以五个人攻打他们一个人。"乐间仍然回答说："不可以。"燕王不知道瘦死的骆驼比马大这个道理，群臣都认为可以进攻，燕国就派出两路军队，兵车两千辆，栗腹率领一路攻打鄗，卿秦率领一路攻打代。

大夫将渠劝谏燕王说："和人家互通关卡，制定了盟约，拿出五百镒黄金给人家的君王祝酒，使者回来一报告就反过来进攻人家，这不吉祥，作战不会成功。"燕王听不进去，自己率领侧翼部队随军出发。将渠拉住燕王腰间系印的带子阻止他说："大王一定不要亲自前去，去了是不会成功的！"燕王用脚把他踢开了。将渠哭着说："我不是为了自己，为的是大王啊！"结果不出所料，廉颇率兵在鄗打败了栗腹。乐乘也在代打败了卿秦。乐间逃奔到赵国。廉颇追赶燕国，追出五百多里，包围了燕国的都城。燕国人请求议和，赵国人不答应，一定要让将渠出面主持议和。燕国便任命将渠为国相，前去主持议和。赵国还是听了将渠的调解，解除了对燕国的包围。

11

正话反说　很有效果

优孟原是楚国的老歌舞艺人。他富有辩才，时常用说笑方式劝诫楚庄王。楚庄王有一匹喜爱的马，给它穿上华美的绣花衣服，养在富丽堂皇的屋子里，睡在设有帐幔的床上，用蜜饯的枣干来喂它。马因为得肥胖病而死了，庄王派群臣给马办丧事，要用棺椁盛殓，依照大夫那样的礼仪来葬埋死马。大臣们争论此事，认为不可以这样做。庄王下令说："有谁再敢以葬马的事来进谏，就处以死刑。"

优孟听到此事，想去劝说，走进殿门就仰天大哭。庄王吃惊地问他哭的原因。优孟说："马是大王所喜爱的，就凭楚国这样强大的国家，有什么事情办不到，却用大夫的礼仪来埋葬它，太薄待了，请用人君的礼仪来埋葬它。"庄王摸不清头脑，就问："那怎么办？"优孟故意用反话来回答说："我请求用雕刻花纹的美玉做棺材，用细致的梓木做套材，用梗、枫、豫、樟等名贵木材做护棺的木块，派士兵给它挖掘墓穴，让老人儿童背土筑坟，齐国、赵国的使臣在前面陪祭，韩国、魏国的使臣在后面护卫，建立祠庙，用牛羊猪祭祀，封给万户大邑来供奉。诸侯听到这件事，就都知道大王轻视人而看重马了。"庄王也知道他是啥意思了，内疚地说："我的过错竟到这种地步吗？该怎么办呢？"

优孟这时才说出本意："请大王准许按埋葬畜生的办法来葬埋它：在地上堆个土灶当作套材，用大铜锅当作棺材，用姜枣来调味，用香料来解腥，用稻米做祭品，用火做衣服，把它安葬在人的肚肠中。"于是庄王派人把马交给了主管宫中膳食的太官，吃了它比埋了它划算啊！

12

古代达人模仿秀

现在各种达人模仿秀节目层出不穷，观众们也喜欢观看，其实古代也有这类模仿秀呢！楚国宰相孙叔敖知道优孟是位贤人，待他很好。孙叔敖患病临终前，叮嘱他的儿子说："我死后，你一定很贫困。那时，你就去拜见优孟，说'我是孙叔敖的儿子'。"过了几年，孙叔敖的儿子果然十分贫困，靠卖柴为生。一次路上遇到优孟，就对优孟说："我是孙叔敖的儿子。父亲临终前，嘱咐我贫困时就去拜见您。"优孟就把他安顿好，然后，立即缝制了孙叔敖的衣服帽子穿戴起来，模仿孙叔敖的言谈举止，音容笑貌。过了一年多，模仿得活像孙叔敖，连楚庄王左右近臣都分辨不出来。

楚庄王设置酒宴，优孟上前为庄王敬酒祝福。庄王大吃一惊，以为孙叔敖复活了，想要让他做楚相。优孟说："请允许我回去和妻子商量此事，三日后再来就任楚相。"庄王答应了他。三日后，优孟又来见庄王。庄王问："你妻子

汉代舞蹈俑

怎么说的？"优孟说："妻子说千万别做楚相，楚相不值得做。像孙叔敖那样地做楚相，忠正廉洁地治理楚国，楚王才得以称霸。如今死了，他的儿子竟无立锥之地，贫困到每天靠打柴谋生。如果要像孙叔敖那样做楚相，还不如自杀。"庄王听了，很伤感，也很羞愧，向优孟表示了歉意，当即召见孙叔敖的儿子，把寝丘这个四百户之邑封给他，以供祭祀孙叔敖之用。优孟要是直接为孙叔敖的儿子求赏赐，未必能如愿，这样反其道而行之，反而能达到预期的效果。

13

臣子权势大 皇帝就畏惧

公元前266年，秦王日益亲信范雎，使他掌权，范雎便趁机建议秦王道："我在崤山之东居住时，只听说齐国有孟尝君，不知道有齐王；只听说秦国有王太后、穰侯魏冉，不知道有秦王。所谓独掌国权称作王，决定国家利害称作王，控制生杀大权称作王。现在王太后擅自专行，不顾大王；穰侯出使外国也不报告大王；华阳君、泾阳君处事决断，无所忌讳；高陵君自由进退，也不请示大王。有这四种权贵而国家想不危亡，是不可能的。在这四种权贵的威势之下，可以说秦国并没有王……我看到大王您孤孤零零地在朝廷上，真为您万分担忧。恐怕您去世后，拥有秦国的将不是大王您的子孙了！"秦王听后深以为然，于是毅然废黜太后的专权，把穰侯魏冉、高陵君、华阳君、泾阳君驱逐到关外去；任用范雎为丞相，封为应侯。店大欺客，客大欺店，臣子权势大，皇帝就畏惧！在皇权至上时代，皇帝还是想一个人说了算的。

14

十二岁的小孩口才很厉害

　　甘罗是甘茂的孙子。甘茂死去的时候，甘罗才十二岁，奉事秦国丞相文信侯吕不韦。秦始皇派刚成君蔡泽到燕国，三年后燕国国君喜派太子丹到秦国做人质。秦国准备派张唐去燕国任相，打算跟燕国一起进攻赵国来扩张河间一带的领地。张唐对文信侯吕不韦说："我曾经为昭王进攻过赵国，因此赵国怨恨我，曾称言：'能够逮住张唐的人，就赏给他百里方圆的土地。'现在去燕国必定要经过赵国，我不能前往。"吕不韦听了怏怏不乐，可是没有什么办法勉强他去。甘罗听说了，就要求去说服张唐。吕不韦呵斥说："快走开！我亲自请他去，他都不愿意，你怎么能让他去？"甘罗说："项橐七岁就做了孔子的老师。如今，我已经满十二岁了，您还是让我试一试。何必这么急着呵斥我呢？"于是吕不韦就同意了。

　　甘罗去拜见张唐说："您的功劳与武安君白起相比，谁的功劳大？"张唐说比不上他。甘罗又说："应侯范雎在秦国任丞相时与现在的文信侯相比，谁的权力大？"张唐说："应侯不如文信侯的权力大。"甘罗说："应侯打算攻打赵国，武安君故意让他为难，结果武安君刚离开咸阳七里地就死在杜邮。如今文信侯亲自请您去燕国任相而您执意不肯，我不知您要死在什么地方了。"张唐想了想，感觉事态严重，于是说："那就依着你这个童子的意见前往燕国吧。"于是让人整治行装，准备上路。

　　行期已经确定，甘罗便对文信侯吕不韦说："借给我五辆马车，请允许我为张唐赴燕先到赵国打个招呼。"文信侯就进宫把甘罗的请求报告给秦始皇，秦始皇召见了甘罗，很欣赏这个孩子，就派他去赵国。赵襄王到郊外远迎甘罗。甘罗劝说赵王，问道："大王听说燕太子丹到秦国做人质吗？"赵王回答说："听说这件事了。"甘罗又问道："听说张唐要到燕国任相吗？"赵王回答说："听说了。"甘罗接着说："燕太子丹到秦国来，说明燕国不欺骗秦国。张唐到燕国任相，表明秦国不欺骗燕国。燕、秦两国互不相欺，显然是要共同攻打赵国，赵国就危险了。燕、秦两国互不相欺，没有别的缘故，就是要攻打赵国来扩大自己在河间一带的领地。大王不如先送给我五座城邑来扩大秦国在河间的领地，我请求秦王送回燕太子，再帮助强大的赵国攻打弱小的燕国。"赵王也明白局势，立即亲自划出五座城邑来扩大秦国在河间的领地。秦国送回燕太子，赵国有恃无恐，便进攻燕国，结果得到上谷三十座城邑，让秦国占有其中的十一座。

甘罗回来后把情况报告了秦王，秦王十分惊喜，于是封赏甘罗让他做了上卿，又把原来甘茂的田地房宅赐给了甘罗。由于当时丞相和上卿的官阶差不多，民间因此演绎出甘罗十二岁为丞相的说法。可惜，他有才有识，寿命却不长，受封之后不久就去世了。

15

堡垒都是从内部攻克的

公元前259年十月，秦国武安君白起把军队分为三支进攻韩国、赵国。韩国、魏国派苏代用丰厚金银去劝说应侯范雎："赵国一亡，秦王便可以称王天下了；那时武安君白起将列入三公高位，您能甘心在他之下吗？即使不愿意屈居其下，也不得不如此了。秦国曾攻击韩国，围攻邢丘，困死上党，上党的百姓反而都去投奔赵国，天下人不愿做秦国的臣民，由来已久。现在把赵国灭亡了，北部地区的人逃到燕国，东部地区的人奔往齐国，南部地区的人流入韩国、魏国，你们能控制的老百姓就没有几个了。你们不如乘势割去赵国的一些领土，就此罢手，不要让白起独享大功。"范雎听了很动心，便向秦王建议："秦兵已经疲惫不堪，请允许韩国、赵国割地求和，让将士们暂时休息一下。"秦王听从了他的劝告，同意割韩国的垣雍、赵国的六座城后讲和。正月，双方都停战罢兵。白起因为没啥战功，从此与范雎产生矛盾。

16

春申君的大意害死了自己

春申君任宰相的第二十五年，楚考烈王病重。朱英对春申君说："世上有不期而至的福，又有不期而至的祸。如今您处在生死无常的世上，奉事喜怒无常的君主，又怎么能会没有不期而至的人呢？"春申君问道："什么叫不期而至的福？"朱英回答说："您任楚国宰相二十多年了，虽然名义上是宰相，实际上就是楚王。现在楚王病重，危在旦夕，您辅佐年幼的国君，因而代他掌管国政，如同伊尹、周公一样，等君王长大再把大权交给他，不就是您南面称王而据有楚国？这就是所说的不期而至的福。"春申君又问道："什么叫不期而至的祸？"朱英回答道："李园不管兵事却豢养刺客为时已久了，楚王一下世，李园必定抢先入宫夺权并要杀掉您灭口。这就是所说的不期而至的祸。"春申君接着问道："什么叫不期而至的人？"朱英回答说："您安排我做郎中，楚王一下世，李园必定抢先入宫，我替您杀掉李园。这就是所说的不期而至的人。"春申君听了后说："还是算了吧，李园是个软弱的人，我对他很友好，他不会这么做的！"朱英知道自己的进言不被采用，恐怕祸患殃及自身，就逃走了。

此后十七天，楚考烈王去世，李园果然抢先入宫，并在棘门埋伏下刺客。春申君进入棘门，李园豢养的刺客从两侧夹住刺杀了春申君，斩下他的头，扔到棘门外边。同时就派官吏把春申君家满门抄斩。而李园的妹妹原先受春申君宠幸怀了孕又入宫得宠于楚考烈王后所生的那个儿子便立为楚王，这就是楚幽王。

17

不要打着救人的旗号去害人

燕国大乱，齐王想去平乱，就请教孟轲，孟轲回答说："吞并后如果燕国人民很高兴，那就吞并吧，古代有这样做的，比如周武王。吞并而使燕国人民气愤，就不要吞并，古代也有这样行事的，比如周文王。齐国以万乘兵车大国征讨另一个大国，那里的百姓都捧着食品、茶水来迎接齐军，没有别的原因，就是为了跳出水深火热的战祸啊！如果新统治下水更深，火更热，百姓又将转而投奔别的国家了。"

齐国平定了燕国的内乱，但是想占有燕国，不想走了，结果各国策划援救燕国，准备攻打齐国。齐王又问孟轲："各国都谋划来讨伐我，怎么办？"

孟轲像（清殿藏本）

孟轲说："燕国虐待它的百姓，大王前往征服它，燕国人民认为是从水深火热中拯救了他们，都箪食壶浆前来迎接仁义之师。您如果杀了他们的父兄，囚捕他们的子弟，毁坏他们的祖庙，掠夺他们的国宝，那可就过分了。现在您应该立即下令，释放被捕的老幼百姓，停止掠夺燕国的财宝，与燕国民众商议，推举新的国君，然后离开燕国，这样做还来得及。"齐王却没有采纳孟轲的劝告。

不久，燕国人果然纷纷反叛齐国，齐王叹息道："我真惭愧没听孟轲的话。"

18

善待敌人　才显胸襟

刘邦建立了汉朝，就开始分封大臣，但是功劳不好评定，大臣们也都闹嚷嚷的。虽然封赏了大功臣二十多人，其余的人日夜争功，一时决定不下来，没办法给予封赏。

刘邦在洛阳南宫，从天桥上望见将领们三人一群两人一伙地同坐在沙地中谈论着什么。就问："这是在说些什么呀？"留侯张良道："陛下不知道吗？这是在图谋造反啊！"刘邦不解，说："天下新近刚刚安定下来，为了什么又要谋反呢？"留侯张良说："陛下由平民百姓起家，依靠这班人夺取了天下。如今陛下做了天子，所封赏的都是自己亲近喜爱的老友，所诛杀的都是自己生平仇视怨恨的人。现在军吏们计算功劳，认为即使把天下的土地都划作封国也不够全部封赏的了，于是这帮人就害怕陛下对他们不能全部封赏，又恐怕因往常的过失而被猜疑以致遭到诛杀，所以就相互聚集到一起图谋造反了。"其实大家只是在争功，并没有谋反的意思，张良这么说，是劝刘邦早点封赏大家。

果然，刘邦不知道该怎么办了？张良给他出了个主意，让他找一个最讨厌的人，进行封赏。刘邦最讨厌雍齿，张良说："那么现在就赶快先封赏雍齿，这样一来，群臣就人人都对自己也能受封赏坚信不疑了。"刘邦赶紧置备酒宴，封雍齿为什邡侯，并急速催促丞相、御史论定功劳进行封赏。群臣结束饮宴后，都欢喜异常，说道："雍齿尚且封为侯，我们这些人也就没有什么可担忧的啦！"张良的一个小计谋，确实化解了一个大问题。

19

冰山的可怕之处在水底下

刘邦驻居晋阳，听说冒顿单于驻居在代谷，便想要去攻打他，就派人去侦察匈奴。这时冒顿把他的精壮士兵、肥壮牛马都藏了起来，只让人看见老弱残兵和瘦小的牲畜。汉军派去的使者相继回来的有十批，都报告说匈奴可以攻打。高帝于是又派刘敬出使匈奴，尚未返回，汉军就全部出动兵力三十二万向北追击匈奴，越过了句注山。刘敬回来后报告说："两国相攻，这本该炫耀显示自己的优势。但现在我到匈奴方面去，只看见瘦弱的牲畜和老弱的士兵，这必定是想要显露自己虚弱不堪，而埋伏奇兵以争取胜利。我认为匈奴不能攻打。"这时候，汉军业已出动，刘邦大为恼火，骂刘敬说："你这个齐国的浑蛋货，不过是靠着耍嘴皮子得到了一官半职，现在竟又来胡言乱语阻挠我的军队前进！"用刑具把刘敬拘禁到广武。刘邦只看到表面现象，好比一座冰山，水面上的只是一小部分，水下面大得可怕，可惜刘邦没看到。

刘邦先期抵达平城，军队尚未全部到来。冒顿便发出精兵四十万骑，把高帝围困在白登山七天之久。汉军这时内外无法呼应救援，高帝于是就采用陈平的秘计，派使者暗中用重金贿赂冒顿的阏氏。阏氏劝说冒顿，最后放了刘邦一条出路。高帝回到广武，赦免了刘敬，说道："我不采用您的意见，因此被围困在平城。我已经把先前十多批使者都杀掉了！"接着就封给刘敬二千民户，爵位为关内侯，称作建信侯。刘邦开始不听劝，后来知错就改，也不失一位好皇帝。

20

皇帝为何很少出宫

汉文帝从霸陵上山，想要向西纵马奔驰下山。中郎将袁盎骑马上前，与文帝车驾并行伸手挽住马缰绳。文帝说："将军胆怯了吗？"袁盎回答："我听

古画《元人射猎图》

说'千金之子，坐不垂堂（家有千金资财的人，不能坐在堂屋的边缘）'。圣明的君主不能冒险，不求侥幸。现在陛下要想放纵驾车的六匹骏马，奔驰下险峻的高山，如果马匹受惊，车辆被撞毁，陛下纵然是看轻自身安危，又怎么对得起高祖的基业和太后的抚育之恩呢！"文帝这才停止冒险。

到了汉武帝时，他喜欢亲自出击杀熊和野猪，策马追捕野兽。司马相如上疏劝谏说："……聪明的人能预见到尚未萌芽的问题，有智慧的人能提前避开还没有完全形成的灾祸，灾祸本来大多隐藏在不易被察觉的细微之处，而发生在容易被人忽略的环节上。所以俗语说：'千金之子，坐不垂堂。'这句话虽然说的是小事，却可以比喻大事。"武帝认为他说得很好，以后就少出宫了。本来嘛，贵为天子，要是总是出现灾祸，对国家安稳也不利啊。

21

良言难劝该死的鬼

吴王刘濞，是汉高祖哥哥刘仲的儿子。吴王刚反叛的时候，吴臣田禄伯做大将军。田禄伯说："军队集结在一起西进，没有其他道路出奇兵，难以成功。我愿率领五万人，另外沿着长江、淮水而上，收聚淮南、长沙的军队，攻入武关，和大王会师，这也是一招奇计啊。"吴王太子规劝说："父王是以造反为旗号的，这样的军队是难以委托他人的，委托他人如果他也造反，该怎么办呢？而且拥有军队单独行动，许多其他的利害，不可能预先知道，徒然损害自己罢了。"吴王也就没有应允田禄伯的建议。

吴国一位年轻的桓将军对吴王说："吴国大多是步兵，步兵适宜在险要地形作战；汉军多战车骑兵，战车骑兵适宜在平地作战。希望大王对途经的城邑不必攻下，径直放弃离开，迅速西进占领洛阳兵器库，吃敖仓粮食，依靠山河的险要来命令诸侯，即使不能入关，天下大局实际已经决定了。假如大王行进迟缓，滞留攻城，汉军的战车骑兵一到，冲入梁国、楚国的郊野，事情也就失败了。"吴王征询年老将军们的意见，他们思想老化，都说这是年轻人的小计谋，他们不懂大策略。吴王就没有采纳桓将军的计策。

七国反叛，天子派太尉条侯周亚夫率领三十六个将军，去攻打吴、楚。吴王刘濞把楚军和吴军合在一起率领，联合齐、赵的军队。正月起兵作乱，二月中旬，吴王军队已被击垮，战败而逃。吴王和他的部下壮士几千人连夜逃走，渡过长江逃到丹阳，得到东越的保护。东越有军队大约一万人，又派人收容集中吴国的逃兵。汉朝派人用厚利诱惑东越，东越即刻骗吴王，让吴王出去慰劳军队，就派人用矛戟刺杀吴王，装起他的头，派一部快车迅速报知汉朝皇帝。

吴王本来是有机会得天下的，就是因为犹豫和怀疑，没有及时作出正确的战略决策，最后失败，也是咎由自取。

22

不听老人言 灾祸到身边

汉景帝宠幸晁错超过了九卿，晁错被提升为御史大夫，请求就诸侯的罪过相应地削减他们的封地，收回各诸侯国边境的郡城。奏章呈送上去，皇上命令公卿、列侯和皇族一起讨论，没有一个人敢反驳晁错的建议。晁错所修改的法令有三十章，诸侯们私下都叫喊着反对，痛恨晁错。晁错的父亲听到了这个消息，就从颍川赶来，对晁错说："皇上刚刚继位，你执掌政权，侵害削弱诸侯的力量，疏远人家的骨肉，人们纷纷议论怨恨你，为什么要这样做呢？"晁错本来也是为了国家利益，也不考虑人情世故，就说："事情本来就应该这样，不这样的话，天子不会受到尊崇，国家不会得到安宁。"晁错的父亲又说："照这样下去，刘家的天下安宁了，而我们晁家却危险了，我要离开你。"回去之后，晁错的父亲便服毒药而死，死前说道："我不忍心看到祸患连累自己。"晁错的父亲死后十几天，吴楚七国果然反叛，以诛杀晁错为名义。等到窦婴、袁盎进言，皇上就命令晁错穿着朝服，在东市把他处死。

晁错死后，吴楚照样叛乱，景帝也悔恨杀害了晁错。俗话说："改变古法，搞乱常规，不是身死，就是逃亡"，晁错也不例外啊！

23

惩罚不分骨肉

隆虑公主的儿子昭平君娶了汉武帝的女儿夷安公主。隆虑公主病危时，进献黄金千斤、钱千万，请求预先为儿子昭平君赎一次死罪，大概知道自己的儿子不是个省油的灯吧，汉武帝答应了她的请求。隆虑公主去世后，昭平君无法无天，日益骄纵，竟在喝醉酒之后将公主的保姆杀死，被逮捕入狱。廷尉因昭平君是公主之子而请示武帝，汉武帝身边的人都为昭平君说话："先前隆虑公主又曾出钱预先赎罪，陛下应允了她。"汉武帝说："我妹妹年纪很大了才生下一个儿子，临终前又将他托付给我。"当时泪流满面，叹息了很久，说："法令是先帝创立的，若是因妹妹破坏先帝之法，我还有何脸面进高祖皇帝的祭庙！同时也对不住万民。"于是批准了廷尉的请求，将昭平君处死。

待诏官东方朔上前祝贺汉武帝说："我听说圣明的君王治理国政，奖赏不回避仇人，惩罚不区分骨肉。《尚书》上说：'不偏向、不结党，君王的大道坦荡平直。'这两项原则，古代的黄帝、颛顼、帝喾、尧、舜五帝非常重视，而夏禹、商汤、周文王三王都难以做到，如今陛下却做到了，这是天下的幸运！我东方朔捧杯，冒死连拜两拜为陛下祝贺！"开始，汉武帝对东方朔非常恼火，接着又觉得他是对的，将东方朔任为中郎。

美国马萨诸塞州美术馆藏明代吴伟绘《东方朔偷桃图》

我们看历史，往往只能看到大人物和大事件，小人物的故事，除了偶尔成为大事件的陪衬，很难在历史上留下独立的印记。多数小人物连名字都没留下，在大变局中被历史的车轮碾得粉碎，与草木同腐。

从历史发展的进程来说，没有大历史、小历史之分。历史不会忽略每一个细节，不会忽视每一个小人物，就像耀眼的太阳也偶有黑点一样。本节就把那些在历史上展现过自己精彩瞬间的小人物展现给读者，其实他们的人生一样精彩纷呈。

1

仗义每多屠狗辈

　　公元前655年，晋献公灭了虞国和虢国，俘虏了虞君和他的大夫百里奚，俘获了百里奚之后，用他做秦缪公夫人出嫁时陪嫁的奴隶送到秦国。百里奚逃离秦国跑到宛地，楚国边境的人捉住了他。缪公听说百里奚有才能，想用重金赎买他，但又担心楚国不给，就派人对楚王说："我家的陪嫁奴隶百里奚逃到这里，请允许我用五张黑色公羊皮赎回他。"楚国就答应了，交出了百里奚。这时，百里奚已经七十多岁。

　　缪公跟他谈论国家大事。百里奚推辞说："我是亡国之臣，哪里值得您来询问？"缪公说："虞国国君不任用您，所以亡国了。这不是您的罪过。"缪公依旧很尊重他。后来和百里奚谈了三天，缪公认为他是个大才，就把国家政事交给了他。百里奚谦让说："我比不上我的朋友蹇叔，蹇叔有才能，可是世人没有人知道。我曾外出游学求官，被困在齐国讨饭吃，蹇叔收留了我。我因而想侍奉齐国国君无知，蹇叔阻止了我，我得以躲过了齐国发生政变的那场灾难，于是到了周朝。周王子颓喜爱牛，我凭着养牛的本领求取禄位，颓想任用我时，蹇叔劝阻我，我离开了颓，才没有跟颓一起被杀；侍奉虞君时，蹇叔也劝阻过我。我虽知道虞君不能重用我，但实在是心里喜欢利禄和爵位，就暂时留下了。我两次听了蹇叔的话，都得以逃脱险境；一次没听，就遇上了这次因虞君亡国而遭擒的灾难，因此我知道蹇叔有才能。"于是缪公派人带着厚重的礼物去迎请蹇叔，让他当了上大夫。

　　百里奚富贵之时，没有忘记朋友，是个仗义的、有良知的好朋友！

2

卫献公的糊涂事

卫献公让乐师曹教宫中妾弹琴，妾弹得很差，曹笞打了她，以示惩罚。妾以献公宠爱，就在献公面前说曹的坏话，献公也笞打曹三百下。公元前571年，献公告请孙文子、宁惠子进宴，两人如期前往待命。天晚了，献公还未去召请他们，却到园林去射大雁。两人只好跟从献公到了园林，献公未脱射服就与他们谈话，这是不礼貌的行为，也是看不起人的行为，对献公的这种无礼行为，两人非常生气，便到宿邑去了。孙文子的儿子多次陪侍献公饮酒，献公让乐师曹唱《诗·小雅》中《巧言》篇的最后一章。乐师曹本来就痛恨献公以前曾笞打他三百下，于是就演唱了这章诗，想以此激怒孙文子，来报复卫献公。果然，孙文子赶走了献

四川雅安博物馆藏汉代啸俑

公。献公逃亡到了齐国，齐国把他安置在聚邑。后来卫献公在外逃亡十二年才返回故国。

卫献公因为自己的不拘小节，最后被乐师算计了，看来做人还是要谨慎些好啊!

3

两个女人引发的战争

楚国边城卑梁氏有少女与吴边城女子争抢采摘桑叶，两个女子先是争吵，后来发展为家人的互相攻杀。两国边邑的官长听说后，一怒之下互相进攻，结果吴国边邑被灭掉。吴国闻之大怒，公元前519年，吴王派公子光征伐楚国，大败楚军，把原楚太子建之母从居巢接回吴国。公元前518年，公子光又征伐楚国，攻克楚国的居巢、钟离二城。就因为几把桑叶，引发了两个国家的战争。虽然历史上这两个女人没有留下姓名，但是她们引起的争端死了很多人。

4

道义在民间

当初，秦缪公丢失了一匹良马，岐山下的三百多个乡下人一块儿把它抓来吃掉了，官吏捕捉到他们，要加以法办。缪公说："君子不能因为牲畜而伤害人。我听说，吃了良马肉，如果不喝酒，会伤人。"于是就赐酒给他们喝，并赦免了他们。

后来，这三百人听说秦国要去攻打晋国，都要求跟着去。在作战时，他们发现缪公被敌包围，都高举兵器，争先死战，以报答吃马肉被赦免的恩德。这三百多个乡下人不顾危险驱马冲入晋军，晋军的包围被冲开，不仅使缪公得以脱险，反而又活捉了晋君。吃了一匹马，回报以性命，这才是大丈夫所为，这才是讲道义的行为！

5

胡衍一番话获得黄金三百斤

公元前306年，秦昭王的宠臣樗里子率兵攻打蒲城。蒲城的长官十分害怕，便请求胡衍想办法。胡衍去见樗里子，问道："您攻打蒲城，是为了秦国呢，还是为了魏国？如果是为了魏国，那当然好了；如果是为了秦国，那就有说道了。卫国能成为一个国家，就是由于有蒲城存在。现在您攻打它，卫国就会依附魏国，魏国必定强大起来。魏国强大之日，也就是贵国危险之时。况且，秦王要查看您的此次行动，若有害于秦国而让魏国得利，秦王定要加罪于您的。"

樗里子听了这番话，觉得很对，就问该怎么办？胡衍顺势便说："您放弃蒲城不要进攻，我试着替您到蒲城说说这个意思，让卫国国君不忘您给予他的恩德。"樗里子同意了。胡衍进入蒲城后，想借机发笔财，就对那个长官说："樗里子已经掌握蒲城困厄的处境了，他声言一定拿下蒲城。不过，我胡衍能让他放弃蒲城，不再进攻。"蒲城长官十分恐惧，献上黄金三百斤说："秦国军队真的撤退了，请让我一定把您的功劳报告给卫国国君，让您享受国君一样的待遇。"结果，樗里子已解围撤离了蒲城，胡衍从蒲城得到重金而使自己在卫国成了显贵。

6

一支箭 一封信 一座城

公元前250年，燕国的一位将领率军攻克了齐国的聊城。有人却在燕王面前说这个将领的坏话。这位将领害怕被陷害，就据守聊城，不敢返回燕国。齐国相国田单率军反攻聊城，为时一年多仍然攻克不下。齐人鲁仲连便写了一封信，捆在箭上射入城中给那位燕将，向他陈述利害关系说："替您打算，您不是回燕国就是归附齐国。而现在您独守孤城，齐国的军队一天天增多，燕国的援兵却迟迟不到，您将怎么办呢？"燕将见信后犹豫了很多天，下不了决心。他想还归燕国，可是已与燕国有了嫌隙；想投降齐国，又因杀戮、俘获的齐国人太多，而害怕降齐后会遭受屈辱。于是长声叹息着说："与其让人来杀我，宁可我自杀！"便自刎身亡。

聊城城内大乱，田单趁机攻下了聊城。田单凯旋后向齐王述说鲁仲连的功绩，并要授给他爵位。鲁仲连为此逃到海边，说："我与其因获得富贵而屈从于他人，宁可忍受贫贱而能放荡不羁、随心所欲！"魏安王魏圉向孔斌询问谁是天下高士。孔斌说："世上没有这种人。如果说可以有次一等的，那么这个人就是鲁仲连了！"

7

有一个叫许历的军士

赵奢，本是赵国征收田租的官吏，平原君认为他很有才干，就把他推荐给赵王。赵王任用他掌管全国的赋税，赵奢很有能力，使民众富足，国库充实。

秦国进攻韩国，军队驻扎在阏与。赵王召见廉颇问道："可以去援救吗？"回答说："道路远，而且又艰险又狭窄，很难援救。"又召见乐乘问这件事，乐乘的回答和廉颇的话一样。又召见赵奢来问，赵奢回答说："道远地险路狭，就譬如两只老鼠在洞里争斗，哪个勇猛哪个得胜。"赵王便派赵奢领兵，去救援阏与。

军队离开赵国都城邯郸三十里就驻扎不动了，赵奢还在军中下令说："有谁来为军事进谏的处以死刑。"秦军当时就驻扎在武安西边，离他们不远，赵军中的一个侦察人员请求急速援救武安，赵奢立即把他斩首。继续坚守营垒，停留二十八天不进发，反而加筑营垒。秦军间谍将情况向秦军将领报告，秦将大喜，以为赵奢害怕他们。

赵奢知道秦军间谍回去之后，就令士兵卸下铁甲，快速向阏与进发。两天一夜就到达前线，下令善射的骑兵离阏与五十里扎营。军营筑成后，秦军知

东汉"胡汉交兵"石刻画像

道了这一情况，才全速赶来。这时，一个叫许历的军士请求就军事提出建议，赵奢说："让他进来。"许历说："秦人本没想到赵军会来到这里，现在他们赶来对敌，士气很盛，将军一定要集中兵力严阵以待。不然的话，必定要失败。"赵奢说："你说得对，请指教。"许历说："我请求接受死刑。"赵奢说："现在是邯郸那次军令以后的事了，不算犯法了。"许历就说："先占据北面山头的得胜，后到的失败。"赵奢同意，立即派出一万人迅速奔上北面山头。秦兵后到，与赵军争夺北山但攻不上去，赵奢指挥士兵猛攻，大败秦军。秦军四散逃跑，于是阏与的包围被解除，赵军回国。赵惠文王赐给赵奢的封号是马服君，并任许历为国尉。赵奢于是与廉颇、蔺相如职位相同。

8

上面有人就好办事

季布为人好逞义气，爱打抱不平，在楚地很有名气。项羽派季布率领军队，季布多次差点抓住刘邦。等到项羽灭亡以后，刘邦怨恨季布当初的作为，出千金悬赏捉拿季布，并下令有胆敢窝藏季布的论罪要灭三族。

季布躲藏在濮阳一个姓周的人家。周家说："汉王朝悬赏捉拿你非常紧急，追踪搜查就要到我家来了，将军您能够听从我的话，我才敢给你献个计策；如果不能，我只有先自杀。"季布只有答应。周家便让季布穿上粗布衣服，扮作奴仆，将他和周家的几十个奴仆一同出卖给鲁地的朱家。

朱家心里知道是季布，便买了下来安置在田地里耕作，然后便到洛阳去，去拜见汝阴侯滕公。滕公留朱家喝了几天酒，朱家找个机会对滕公说："季布犯了什么大罪，皇上追捕他这么急迫？"滕公说："季布多次替项羽追击皇上，皇上怨恨他，所以一定要抓到他才罢休。"朱家解释说："做臣下的各受自己的主上差遣，季布受项羽差遣，这完全是分内的事。项羽的臣下难道可以全都杀死吗？现在皇上刚刚夺得天下，凭个人的怨恨去追捕一个人，这就是向天下人显示自己器量狭小啊！"

汝阴侯滕公知道朱家是位大侠客，猜想季布一定隐藏在他那里，便表示，有机会向皇帝解释这件事。滕公等待机会，果真按照朱家的意思向皇上奏明。刘邦于是就赦免了季布，朱家因此而在当时出了名。后来季布被皇上召见，表示服罪，刘邦任命他做了郎中。

9

小士兵也有大作用

陈胜任命自己的老朋友，陈地人武臣为将军，张耳、陈余担任左右校尉，拨给三千人的军队，向北夺取赵国的土地。武臣等人收复了有三十余座城池。到达邯郸，张耳、陈余规劝武臣为王，武臣听从了他们的劝告，自立为赵王。任用陈余做大将军，张耳做右丞相。武臣派韩广夺取燕地，李良夺取常山。韩广的军队到达燕地，燕人趁势拥立韩广做燕王。赵王就和张耳、陈余向北进攻燕国的边界。

赵王武臣空闲外出，不巧被燕军抓获。燕国的将领把他囚禁起来，要瓜分赵国一半土地，才归还他。赵国派使者前去交涉，燕军就把他们杀死，要求分割土地。张耳、陈余为这件事忧虑重重。有一个干勤杂的士兵对他同宿舍的伙伴说："我要替张耳、陈余去游说燕军，就能和赵王一同坐着车回来。"同住的伙伴们都讥笑他，他说，我就做给你们看。于是，他独自跑到燕军的大营。燕军的将领见到他，他先问燕将说："知道我来干什么吗？"燕将回答说："你打算救出赵王！"他又问："您知道张耳、陈余是什么样的人吗？"燕将说："是贤明的人。"他继续问："您知道他们的意图是什么吗？"燕将回答说："不过是要救他们的赵王罢了。"赵国的这个勤杂兵就笑着说："您还不了解这两个人的打算。武臣、张耳、陈余共同指挥军队攻克了赵国几十座城池，他们都想称王，都不甘心终身做别人的大臣，做臣子和做国君不是一个档次啊！他们只是顾虑到局势初步稳定，还没有敢自立为王，暂时按年龄的大小为序先立武臣为王，用以维系赵国的民心。如今赵地已经稳定平服，这两个人也要瓜分赵地自立称王，只是时机还没成熟罢了。如今，您囚禁了赵王，这两个人表面上是为了救赵王，实际上是想让燕军杀死他，这两个人好瓜分赵国自立为王。你们想想，以原来一个赵国的力量就能轻而易举地攻下燕国，何况两位贤王相互支持，以杀害赵王的罪名来讨伐，灭亡燕国是很容易的了。"燕国将领认为他说得有道理，于是就归还赵王，勤杂兵实现了诺言，就替赵王驾着车子，一同归来。

10

十三岁的小孩子胆识了得

项羽杀死彭越，平定梁地，带兵向东进发，一路上攻打陈留、外黄。外黄起先不归顺。过了几天终于投降了，项羽很生气，命令男子十五岁以上的全部到城东去，要把他们活埋了。这时，外黄县令门客的儿子才十三岁，为了百姓的性命，前去劝说项羽，说道："彭越凭强力威胁外黄，外黄人害怕，所以才姑且投降，为的是等待大王。如今大王来了，又要全部活埋他们，百姓哪儿还会有归附之心呢？从这往东，梁地十几个城邑的百姓都会很害怕，就没有人肯归附您了。"项羽认为他的话对，就赦免了准备活埋的那些人，也为他赢得了好名声。他东进睢阳县，睢阳人听到这情况都争着归附项羽了。

11

陈恢一番话救了一座城

刘邦准备率兵绕过宛城西进，张良劝说："您虽然想赶快入关，但目前秦兵数量仍旧很多，又凭借险要地势进行抵抗。如果现在不攻下宛城，那么宛城的敌人从背后攻击，前面又有强大的秦军，这样很危险啊。"刘邦醒悟，连夜率兵从另一条道返回，更换旗帜，黎明时分，把宛城紧紧围住，围了好几圈。

南阳郡守看到这个情况想要自刎，他的门客陈恢说："现在自刎还太早。"于是越过城墙去见刘邦，说："先前您和诸侯约定，先入咸阳的为王。现在您却停下来攻打宛城。你要知道，宛城是个大郡的都城，相连的城池有几十座，人多粮足，官民都认为投降肯定要被杀死，所以都决心据城坚守。现在您整天停在这里攻城，士兵伤亡必定很多，如果率军离去，宛城军队一定在后面追出，这样，您向西前进就会错过先进咸阳在那里称王的约定。我为您考虑，不如约定条件投降，封赏南阳太守，继续让他留下来守住南阳，您还可以率领宛城的士兵一起西进。那些还没有降服的城邑，听到了这个消息，一定会争着打开城门等候您。您就可以通行无阻地西进，您看怎样？"刘邦一听，十分赞同，于是封宛城郡守为殷侯，封给陈恢一千户。于是刘邦率兵继续西进，由于有先前的例子，所经过的城邑没有不降服的。

12

刘邦的发小儿

卢绾是丰邑人，和刘邦是同乡。卢绾的父亲和刘邦的父亲非常要好，等到生儿子时，刘邦和卢绾又是同日而生，乡亲们抬着羊、酒去两家祝贺。等到刘邦、卢绾长大了，在一块读书，又非常要好。乡亲们见这两家父辈非常要好，儿子同日出生，长大后又很要好，再次抬着羊、酒前去祝贺。两个人是铁哥们，是发小儿。刘邦还是平民百姓的时候，被官吏追捕需要躲藏，卢绾总是随同左右，东奔西走，到刘邦从沛县起兵时，卢绾以宾客的身份相随，到汉中后，担任将军，总是陪伴在刘邦身边。跟从刘邦东击项羽时，以太尉的身份不离左右，可以在高祖的卧室内进进出出，衣被饮食方面的赏赐丰厚无比，其他大臣无人能企及，就是萧何、曹参等人，也只是因事功而受到礼遇，至于说到亲近宠幸，没人能赶得上卢绾。卢绾被封为长安侯。长安，就是原来的咸阳。

刘邦平定天下之后，在诸侯中不是刘姓而被封王的共有七个人。高祖想封卢绾为王，但又害怕群臣怨恨不满。文武群臣都知道皇帝想封卢绾为王，一齐上言道："太尉长安侯卢绾经常跟随皇帝平定天下，功劳最多，可以封为燕王。"皇帝下诏批准了此项建议。立卢绾为燕王，所有诸侯王受到的皇帝宠幸都比不上燕王。

后来，刘邦以为卢绾反了，就派樊哙攻打燕国。燕王卢绾把自己所有的官人家属以及几千名骑兵安顿在长城下，等待机会，希望皇帝病好之后，亲自进京谢罪。没想到刘邦死了，卢绾也就带领部下逃入匈奴，匈奴封他为东胡卢王。过了一年多，卢绾在匈奴逝世。

13

不要小看皇帝的车夫

　　汝阴侯夏侯婴是沛县人。开始在沛县县府的马房里掌管养马驾车。每当他驾车送完使者或客人返回的时候，经过沛县泗上亭，都要找刘邦去聊天，而且一聊就是大半天。后来，夏侯婴跟随刘邦起义，他在战斗中驾兵车快速进攻，作战勇猛，大破秦军，立功无数。

甘肃武威出土的东汉青铜斧车

后来刘邦回军平定了三秦，夏侯婴随从刘邦攻击项羽的军队。进军彭城，汉军被项羽打得大败。刘邦因兵败不利，乘车马急速逃去。在半路上夏侯婴遇到了孝惠帝和鲁元公主，就把他们收上车来。马已跑得十分疲乏，敌人又紧追在后，刘邦特别着急，有好几次用脚把两个孩子踢下车去，想扔掉他们，减轻分量，让马车跑得更快些，但每次都是夏侯婴下车把他们收上来，一直把他们载在车上。刘邦为此非常生气，有十多次想要杀死夏侯婴，但最终还是逃出了险境，把孝惠帝、鲁元公主安然无恙地送到了丰邑。在此之后，夏侯婴又指挥兵车跟从刘邦攻打项羽，一直追击到陈县，终于平定了楚地。

最后，刘邦把夏侯婴的食邑定在汝阴，约六千九百户。

夏侯婴自从跟随刘邦在沛县起兵，长期担任太仆一职，一直到刘邦去世。之后又作为太仆侍奉孝惠帝。孝惠帝和吕后非常感激夏侯婴在下邑的路上救了孝惠帝和鲁元公主，就把紧靠在皇宫北面的一等宅第赐给他，名为"近我"，意思是说"这样可以离我最近"，以此表示对夏侯婴的格外尊宠。孝惠帝死去之后，他又以太仆之职侍奉高后。等到高后去世，代王来到京城的时候，夏侯婴又以太仆的身份和东牟侯刘兴居一起入皇宫清理宫室，废去了少帝，用天子的车驾到代王府第里去迎接代王，和大臣们一起立代王为孝文皇帝，夏侯婴仍然担任太仆。

夏侯婴算是刘邦身边的车夫，最后获得封赏却是凭借自己的努力得来的，也是实至名归，这样的车夫也是后世很多领导司机的榜样！

14

老板的心思你要猜

公元前202年，刘邦消灭了项羽，平定了天下，于是论功行赏，但是群臣争功，一年多了，功劳的大小次序也没能决定下来。刘邦心里认为萧何的功劳最显赫，封他为酂侯，给予的食邑最多。列侯均已受到封赏，待到评定位次时，大家都说："平阳侯曹参身受七十处创伤，攻城夺地，功劳最多，应该排在第一位。"刘邦较多地赏封了萧何，到评定位次时就不想勉强，但心里还是想把萧何排在第一位。

这时候，猜透了刘邦心思的关内侯鄂千秋进言说："我认为各位说得不对。曹参虽然有很多功劳，但这不过是一时的事情。大王与楚军相持五年，常常失掉军队，士卒逃散，只身逃走有好几次了。然而萧何常从关中派遣军队补充前线，这些都不是大王下令让他做的，数万士卒开赴前线时正值大王最危急的时刻，这种情况已有多次了。汉军与楚军在荥阳对垒数年，军中没有现存的口粮，萧何从关中用车船运来粮食，军粮供应从不匮乏。陛下虽然多次失掉崤山以东的地区，但萧何一直保全关中等待着陛下，这是万世不朽的功勋啊。如今即使没有上百个曹参这样的人，对汉室又有什么损失？汉室得到了这些人也不一定得以保全。怎么能让一时的功劳凌驾在万世功勋之上呢！应该是萧何排第一位，曹参居次。"这番话说到了刘邦的心坎里，于是力排众议，确定萧何为第一位。

刘邦也不会忘记鄂君，在他原来受封的关内侯食邑，加封为安平侯。鄂千秋只是一番话，就加官晋爵，可见，老板的心思必须猜。

15

小人也不都是无用之人

楚地有个叫曹丘的人，擅长辞令，花言巧语，借重权势获得了不少钱财。他与窦长君有交情。季布听到了这件事便寄了一封信劝窦长君说："我听说曹丘为人不行，名声不好，您不要和他来往。"等到曹丘回乡，想要窦长君写封信介绍他去见季布，窦长君说："季将军不喜欢您，您还是不要去啦。"曹丘坚决要求窦长君写介绍信，终于得到，便起程去了。

曹丘先派人把窦长君的介绍信送给季布，季布接了信大怒，等待着曹丘的到来，要给他点颜色看看。曹丘到了，对季布作了个揖，说道："楚人有句谚语说：'得到黄金百斤，比不上得到你季布的一句诺言。'您怎么能在梁、楚一带获得这样的声誉呢？再说我是楚地人，您也是楚地人。由于我到处宣扬，您的名字天下人都知道，难道我对您的作用还不重要吗？您为什么这样看不起我呢？"季布听了，知道这种人得罪不得，也感谢他为自己扬名，于是请曹丘进来，留他住了几个月，把他作为最尊贵的客人，送他丰厚的礼物。对待小人啊，最好的办法是敬而远之，但是被小人黏上怎么办？就要学会利用，怎么利用呢？上面例子可以做个借鉴。

16

儿子多了自有管理之道

陆贾是楚国人，以幕僚宾客的身份随从刘邦平定天下，当时人们都称他是很有口才的说客，常常出使各个诸侯国。陆贾曾劝说南越王向汉称臣，刘邦非常高兴，任命陆贾为太中大夫。在孝惠帝时，吕太后掌权用事，想立吕氏诸人为王，害怕大臣中那些能言善辩的人，而陆贾也深知自己有心无力，就称病辞职，在家中闲居。

陆贾有五个儿子，他把出使南越所得的金银珠宝拿出来卖了千金，分给儿子们，每人二百金，让他们从事生产。他自己则时常坐着四匹马拉的车子，带着歌伎和弹琴鼓瑟的侍从十个人，佩带着价值百金的宝剑到处游玩。

他曾这样对儿子们说："我和你们约定好，当我出游经过你们家时，要让我的人马吃饱喝足，尽量满足我们的要求。每十天换一家。我在谁家去世，就把宝剑车骑以及侍从人员都归谁所有。我还要到其他的朋友那里去，所以一年当中我到你们各家去不过两三次，总来见你们，就不新鲜了，用不着总厌烦你们老子这么做了。"

儿子多了，孝顺的就少了，因为大家都想争夺老子的财产，而顾不上照顾老子，陆贾的这种做法可以给很多富人提醒，孩子多了怎么管理？就按陆贾的方法办吧！

五代时期赵岩《八达春游图》

17

帝王的兄弟没有安生的

公元前154年，吴、楚七国反叛被击败后，刘端以皇子的身份受封为胶西王。刘端为人残暴凶狠，得了个怪病，一接触女人，就病几个月，也不知道是怎么回事。不能亲近女人，他只好找男宠，他有一个宠爱的年轻人，任为郎官。这个年轻郎官不久与后宫有淫乱行为，刘端不愿意戴绿帽子啊，就捕杀了他，并且杀死他儿子和母亲。

刘端屡次触犯天子法令，汉朝的公卿大臣多次请求诛杀他，天子因为他是兄弟不忍心这样做，因而刘端的行为更加过分。刘端全部撤除警卫人员，封闭宫门，只留下一门，从那里出宫游荡。屡次改换姓名，假扮为平民，到其他的郡国去。

凡前往胶西任相国、二千石级的官员，如果奉行汉朝法律治理政事，刘端总是找出他们的罪过报告朝廷；如果找不到罪过，就设诡计用药毒死他们。胶西虽是小国，而被杀受伤害的二千石级官员却很多。

刘端在位四十七年去世，终于因没有儿子继承王位，封国废除，封地并入朝廷，成为胶西郡。

赵王刘彭祖在汉景帝时，被封为广川王。彭祖为人奸诈，表面上谦卑恭敬讨好人，内心却刻薄阴毒。为此每当相国、二千石级官员到任，刘彭祖便穿着黑布衣扮为奴仆，亲自出迎，清扫二千石级官员下榻的住所，多设惑乱之事来引动对方，一旦二千石级官员言语失当，触犯朝廷禁忌，就把它记下来。如果二千石级官员想奉法治事，他就以此相威胁；如果对方不顺从，就上书告发，并以作奸犯法图谋私利之事诬陷对方。

刘彭祖不喜好营建宫室、迷信鬼神，而喜好做吏人做的事。上书天子，志愿督讨王国内的盗贼。经常夜间带领走卒巡查于邯郸城内。各往来使者以及过路旅客因为刘彭祖险诈邪恶，不敢留宿邯郸。刘彭祖的太子刘丹与他的女儿及同胞姐姐通奸。刘丹跟他的门客江充有嫌怨，江充告发刘丹，刘丹因此被废黜，赵国只好改立太子。

宫门秽事多，帝王家太多让人难以启齿的事情了！

18

不要得罪狱吏

汉文帝即位之后，任周勃为右丞相，赐给黄金五千斤，食邑一万户。过了一个多月，有人劝说周勃，处在尊贵的地位，这样受宠，时间长了将会有灾祸降到您的身上。周勃害怕了，自己也感到危险，于是就辞职，请求归还相印。后来皇帝让他回到自己的封地。

回到封地一年多，绛侯周勃自己也害怕被杀害，经常披挂铠甲。每当河东郡守和郡尉巡视各县的达绛县的时候，他在家人手持武器的情况下来会见郡守和郡尉。后来有人上书告发周勃要反叛，长安的刑狱官逮捕周勃进行审问。周勃根本没想反叛啊，不知道该怎么回答。狱吏渐渐欺凌侮辱他。周勃就拿千金送给狱吏，狱吏才写在木简背后提示他："让公主为你做证。"公主就是文帝的女儿，周勃的长子胜之娶她为妻，所以狱吏教给周勃让她出来做证。

周勃把加封所受的赏赐都送给了薄太后之弟薄昭，薄昭为周勃向薄太后说情，太后也认为不会有谋反的事。一次文帝朝见太后，太后顺手抓起头巾向文帝扔去，说："原来周勃身上带着皇帝的印玺，在北军领兵，他不在这时反叛，如今他住在一个小小的县里，反倒要叛乱吗？"汉文帝已经看到周勃的供词，也知道是误会，于是派使者带着符节赦免周勃，恢复他的爵位和食邑。周勃出狱以后说："我曾经率领百万大军，可是怎么知道狱吏的尊贵呀！"

在监狱里，再大本事、再高地位也好比龙搁浅滩、虎落平阳，面对狱吏是龙你得盘着，是虎你得卧着，因为强龙难压地头蛇，在人家一亩三分地，还是老老实实比较稳妥。

19

大难不死必有后福

窦皇后的哥哥叫窦长君，弟弟叫窦广国，字少君。少君四五岁的时候，家境贫穷，被人掠去后出卖，他家中不知他被卖在何处。又转卖了十几家，卖到宜阳。他为主人进山烧炭，晚上一百多人躺在山崖下睡觉，山崖崩塌，把睡在下边的人全都压死了，只有少君脱险，没有被压死。大难不死，必有后福，他随主人家去了长安。听说窦皇后是刚被封立的，她的家乡在观津，姓窦氏。他离家时年龄虽小，也还知道县名和自家的姓，又曾和姐姐一起采桑，从树上掉下来，把这些事作为证据，上书陈述自己的经历。窦皇后把这件事告诉文帝，马上就被召见，一问情况，都符合。又问他还能用什么来验证，他回答说："姐姐离开我西去的时候，和我在驿站宿舍里诀别，姐姐讨来米汤给我洗头，又要来食物给我吃，然后才离去。"窦皇后一听，知道是自己弟弟，就拉住弟弟痛哭起来。窦广国成了国舅，得到很多赏赐，皇帝又分封与皇后同祖的窦氏兄弟，让他们迁居到长安。

20

坏大事的不一定是大人物

雁门郡马邑县的豪强之士聂壹，通过大行王恢向武帝建议："匈奴刚刚与汉和亲结好，亲近信任边境吏民，可用财利引诱他们前来，汉军预设伏兵袭击，这是肯定会打败匈奴人的妙计。"武帝采纳了王恢的主张。

汉武帝任命御史大夫韩安国为护军将军，卫尉李广为骁骑将军，太仆公孙贺为轻车将军，大行王恢为将屯将军，太中大夫李息为材官将军，统率战车、骑兵、步兵共三十多万人暗中埋伏在马邑附近的山谷中，约定等单于进入马邑就挥军出击。

汉军暗地派聂壹当间谍，逃到匈奴人那儿，聂壹对单于说："我能杀马邑县的县令和县丞，献城归降，您可以得到全城的所有财物。"单于很喜欢和信任聂壹，认为他说得对，就同意了他的计划。聂壹返回马邑县城，就斩杀死刑囚犯，用来假冒县令、县丞，把他们的头挂在马邑城下，让单于的使者观看说："马邑县的长官已经死了，你们可以赶快来！"于是，单于越过边塞，统率十万骑兵进入武州塞。走到距离马邑县城还有一百多里的地方，单于见牲畜遍野，却没有一个放牧的人，感到奇怪。就派人攻打亭隧，俘虏了雁门郡的尉史，要杀掉他，这个尉史就告诉单于汉兵埋伏的地点。单于大吃一惊，立刻领兵撤退，在撤出汉境之后，单于说："我俘虏了这个尉史，是上天保佑我啊！"就称尉史为"天王"。

边塞守军传报单于已率军退走，汉军追到边塞，估计追不上了，就全军撤回。王恢指挥另一支军队，从代地出发，准备袭击匈奴的后勤给养，听说单于返回，军队很多，也不敢出击。一个小人物坏了一件大事啊！

21

我一定要使汉朝廷深受祸患

冒顿死去，他的儿子稽粥继位，称为老上单于。老上单于刚继位，文帝又指派一位宗室的女儿翁主嫁给他做单于阏氏，并派宦官、燕地人中行说去辅佐翁主。中行说不愿意去匈奴，汉朝廷逼迫他去。中行说恼怒地说："我一定要使汉朝廷深受祸患！"中行说到匈奴以后，就归降了单于，单于很宠信他。

当初，匈奴喜好汉朝的缯帛丝绵和食品。中行说劝单于说："匈奴的人口，还不如汉朝一个郡的人口多，却是汉的强敌，原因就在于匈奴的衣食与汉不同，不需要仰仗于汉朝。现在，假若单于改变习俗，喜爱汉朝的东西；汉朝只要拿出不到十分之二的东西，那么匈奴就要都被汉朝收买过去了。最好的办法是：把所得的汉朝的丝绸衣裳，令人穿在身上冲过草丛荆棘，衣服裤子都撕裂破烂，以证明它们不如用兽毛制成的旃裘完美实用；把所得的汉朝的食物都扔掉，以显示它不如乳酪便利和美味可口。"于是，中行说教单于的左右侍从学习文字，用以统计匈奴的人口和牲畜数量。凡是匈奴送给汉朝的书信木札以及印封，其规格都增长加宽，并使用傲

西汉马踏匈奴石雕，霍去病墓茂陵石刻

慢不逊的言辞，自称为："天地所生、日月所置的匈奴大单于"。

汉朝使者中有人讥笑匈奴习俗不讲礼仪，中行说就对使者说："你们所给的东西，如果数量足、质量好，就算了；如果数量不足、质量低劣，那就等到秋熟时，用我们匈奴的铁骑去践踏你们的庄稼！"

果然，匈奴连年入寇边境，杀害、掳掠了许多百姓及其牲畜财产，云中郡和辽东郡所受侵害最为严重，受害人数每郡多达一万余人。文帝担忧匈奴的入侵，就派使臣给匈奴送去书信，匈奴单于也派一位当户来汉朝廷答谢，汉与匈奴才恢复了和亲关系。

22

穷不跟富斗　富不跟官斗

公元前127年夏季，主父偃对汉武帝说："茂陵邑刚刚设立，天下有名的豪强人物、兼并他人的富家大户、鼓励大众动乱的人，都可以迁移到茂陵邑居住；这样对内充实了京师，对外消除了奸邪势力，这就是所说的不用诛杀就消除了祸害。"汉武帝听从了他的意见，迁徙各郡国的豪强人物和财产超过三百万钱以上的富户到茂陵邑居住。

轵县人郭解，是函谷关以东地区的著名侠士，也在被迁徙之列，他不想离开家乡，就委托将军卫青求情。卫青就向皇帝说："郭解家中贫困，不合迁徙的标准。"汉武帝很生气，就说："郭解是平民，他的权势大到使将军替他说情，这证明他家不穷。"终究迁徙了郭解全家。

武帝自此就开始留意郭解了，后来听说郭解因为小事居然杀人，就下令司法官吏把郭解逮捕。在审案时，轵县有位儒生陪侍前来审案的使者坐，座中客人赞扬郭解，儒生就说："郭解专门以奸邪触犯国法，怎么能说他贤能！"郭解的门客听了这话，就杀死了这个儒生，并割去他的舌头。审案官吏用这件事来责问郭解，郭解确实不知道是谁杀的人，杀人凶手到最后也没有查清是谁。官吏向武帝奏报郭解没杀人，大臣公孙弘说："郭解只是一个平民百姓，做行侠弄权的事情，看谁不顺眼就随意杀掉；轵县儒生的被杀，郭解虽然不知情，但这个罪比郭解亲手杀人还要大，应按大逆不道的罪名判决论罪。"于是就把郭解灭族。郭解就是死也不会知道，自己得罪的是汉朝的"老大"啊！

23

学习卜式好榜样

河南人卜式屡次请求捐赠家产给朝廷，援助边塞。汉武帝很奇怪，没见过这样的傻瓜，就派使者问卜式："你想当官吗？"卜式回答说："我从小种田牧羊，不懂做官的规矩，不愿当官。"使臣又问他："难道你家有冤情，想要申诉吗？"卜式说："我平生与人没有纠纷，和周围的邻居相处很好，怎么会被人冤枉呢！没什么想申诉的。"使者也不解了，就问："你为什么要那样做呢？"卜式说："天子征讨匈奴，我认为有才能的人应战死边塞，有财的人应拿了钱财支援国家。这样才能将匈奴消灭。"

汉武帝也不管这个人到底因为啥，也想树立个标杆，就将卜式召到京师，任命为中郎，赐左庶长爵位，赏给十顷土地，并宣告天下，使人人知晓。不久，又提升卜式为齐国太傅。

公元前112年秋季，汉武帝准备进攻南越，齐国丞相卜式上书朝廷，请求汉武帝批准他父子和齐国熟习舰船的人前往南越效死。为此，汉武帝颁布诏书，表扬卜式，封卜式为关内侯，赏金六十斤、土地十顷，并宣告全国，然而全国无人响应。人都是自私的，都希望自己的私有财产得到保护，非要号召大家大公无私，无偿地捐献自己的辛苦所得，这种违背人性、违背道理的事，肯定不会很多。

公元前111年，齐相卜式因言语不称汉武帝的心，汉武帝不再喜欢卜式。

中华几千年历史，无数杰出人物有如群星闪耀，引无数人景仰。
然而历史演进过程中产生的另一类人物也不禁令人嗟叹不已，他们生
前辉煌一世，临死不得善终，有被煮死，有被烧死，有被砸死，有被
锯死，有羞愧死，有郁闷死……历史上死得不同凡响的人物有不少，
他们的死或令人感动或发人深省。托尔斯泰说过，死亡的结局是相似
的，死亡的方式却各有各的不同。这里，我们来展示一下那些历史上
的人们，是怎么回归泥土，成为历史尘埃的，或许能为现在活着的人
们提供某种借鉴。

1

桓公被折断肋骨而死

　　鲁夫人是襄公的妹妹，在齐釐公时嫁给鲁桓公做夫人，公元前694年春，鲁桓公与夫人一同去齐国，结果到了齐国，齐襄公与鲁夫人旧情重燃。鲁桓公发现此事，非常愤怒，就斥责夫人，因为没几个男人不痛恨自己戴绿帽子啊。结果鲁夫人告诉了奸夫齐襄公。

　　四月，齐襄公宴请鲁桓公，把鲁桓公灌醉，派大力士彭生把鲁桓公抱上车，用大力气折断鲁桓公的肋骨，鲁桓公酒醉没有知觉，等到下车，被抬出车时已死了。鲁国大臣向齐国要彭生来为鲁桓公报仇，齐国也理屈，就杀死彭生这个替罪羊以避免战争。后来鲁国人立太子同为君，就是庄公。庄公之母桓公夫人于是留在齐国，不敢再回鲁国。

战国时期鸟盖瓠形壶

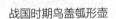

2

潜公被棋盘砸死

　　公元前682年夏天，宋国讨伐鲁国，在乘丘作战，鲁国活捉了宋国南宫万。宋国请求释放南宫万，后来南宫万回到宋国。公元前681年秋天，宋湣公与南宫万出猎时，南宫万与宋湣公争夺道路，宋湣公很生气，就讽刺他说："最初我很敬重你，现在，你只不过是鲁国的一个俘虏罢了。"南宫万脸上挂不住了，很痛恨宋湣公这样的讽刺，于是抓起棋盘把宋湣公砸死了，南宫万又杀死太宰华督，就改立公子游做国君。

南宫万的下场也不好，后来逃到陈国。宋国派人贿赂了陈国。陈国人使美人计用酒灌醉了南宫万，用皮革把他裹上，送回宋国。宋国人对南宫万施以醢刑（古代的一种酷刑，把人杀死后剁成肉酱）。

3

齐桓公死后不得安生

公元前645年，管仲病重，齐桓公想任用易牙，管仲说："他杀死自己的儿子来迎合国君，不合人情，不能任用。"桓公问："开方这人怎么样？"回答说："他抛弃双亲来迎合国君，不合人情，不可接近。"桓公说："竖刁这人怎么样？"回答说："阉割自己来迎合国君，不合人情，不可亲信。"管仲死后，桓公不听管仲之言，还是亲近任用这三人，三人专权。

公元前645年十月，齐桓公死。易牙进宫，与竖刁借助宫内宠臣杀死诸大夫，立公子无诡为齐君。太子昭逃亡到宋国。桓公病时，五位公子各自结党要求立为太子。桓公死后，就互相攻战，以致宫中无人，也没人敢去把桓公装尸入棺。桓公尸体丢在床上六十七天，尸体爬满蛆虫以致爬出门外。十二月，无诡即位，才装棺并向各国报丧。公元前642年三月，宋襄公率领诸侯军队送齐太子昭归国并伐齐。齐人害怕，杀死其君无诡。齐人将要立太子昭为齐君时，其余四公子的徒众又攻打太子，太子逃到宋国，宋国与齐国四公子的军队作战。五月，宋军打败四公子立太子昭为君，就是齐孝公。宋国因为曾受桓公与管仲之托照顾太子，所以前来征伐。因为战乱，到八月才顾上埋葬齐桓公。齐桓公因为生前的错误，导致了死后齐国也不得安生。

4

临死还想吃熊掌

起初，楚成王打算确立商臣为太子，告诉了令尹子上。子上认为商臣很残忍，不宜立为太子。楚王不听，立了商臣。后来楚王又想立儿子职，而废弃太子商臣。商臣听到风声，就向潘崇问计。潘崇鼓动商臣一不做二不休，干脆先下手为强。于是公元前626年十月，商臣让宫里的卫兵包围了楚成王，楚成王眼见大祸临头，请求吃过熊掌后再死，商臣不答应，最后逼迫楚成王上吊自杀。商臣即位，这就是穆王。穆王即位后，把自己的太子宫赐予潘崇，让他做太师，主持国家事务。成王为啥临死想吃熊掌呢，估计是熊掌难熟，他是想多活一会儿是一会儿吧。

5

懿公在车上被杀死

齐懿公还是公子的时候，与丙戎的父亲一同打猎，互相争夺猎物，懿公未争到，即位以后，懿公就让人砍断丙戎父亲的脚，却让丙戎为自己驾车。庸职

汉代画像砖上
的驾车图拓片

的妻子漂亮，懿公抢入宫中，却让庸职骖乘（古人乘车"尚左"，即以左方为尊。乘车时尊者在左，御者，也叫驭手，居中，另有一人在右陪乘。陪乘的人就叫"骖乘"，其任务在于随侍尊者，防备车辆倾侧）。

公元前609年五月，懿公在申池游玩，丙戎和庸职洗澡，互相开玩笑。庸职说丙戎是"砍脚人的儿子"，丙戎说庸职是"被人夺妻的丈夫"。两人说着说着，都感到很耻辱，共同怨恨懿公。两个人就谋划好，趁着与懿公共同到竹林中游玩，在车上二人把懿公杀死，把尸体抛在竹林中然后逃跑了。

6

一碗汤引发的血案

公元前605年的春天，楚国献给郑灵公鼋（外形像龟，没有龟类那样的角质盾片，肉味鲜美，为珍贵补品）。这时，子家、子公将要朝拜灵公，子公的食指颤动了一下，对子家说："我的手指曾动过，一定要吃珍异食物了。"等到入宫后，见到灵公进食鼋汤，子公笑道："果然如此。"郑灵公问子公为何笑，子公把以上情况告诉了郑灵公。郑灵公一想我偏偏不让你如愿，却唯独没把汤给他喝。子公很生气，很放肆地用手指在汤里蘸了一下尝了尝就出了宫。

郑灵公见他如此嚣张，很生气，想杀死子公。子公与子家就提前先下手。夏季，他们杀死了郑灵公。立了子坚为君，这是襄公。襄公即位后，任命子公家族的人都为大夫。

7

楚灵王差点饿死

楚灵王在申与诸侯会师时，曾侮辱了越国大夫常寿过，杀死了蔡国大夫观起。公元前529年的春天，楚灵王在乾谿作乐，舍不得离去，百姓们苦于徭役，都痛恨楚灵王。

这时，观起的儿子观从入宫杀死楚灵王的太子禄，拥立子比为楚王。清除了王宫后，观从又率领军队到乾谿，向楚国官兵宣布说："楚国已经拥立新王了。先返回国都的，恢复他们的爵、封邑、田地、房屋。后返回的一律流放。"楚国官兵一听都逃的逃、散的散，纷纷离开楚灵王返回国都。

楚灵王周围的人离开他逃跑了。楚灵王于是独自在山中徘徊，村民们没有敢收容楚灵王的。半路，楚灵王遇见过去在宫里的涓人，对他说："你替我找口饭吃吧，我已经饿了三天了。"涓人说，有诏令，谁敢给您送饭，与您一起逃亡就诛灭三族呢，再说也没地方找吃的啊！楚灵王无奈，想枕涓人大腿睡一会儿，涓人用土块来代替，抽出自己的腿逃走了。楚灵王醒后找不见涓人，又累又饿，坐都坐不起来。芋地地方官申无宇的儿子申亥说："我的父亲曾经两次触犯王法，灵王都赦免了他，恩德没有比这更大的了！"于是他到处寻找楚灵王，终于在厘泽找到饿昏的楚灵王，侍奉楚灵王一直到自己的家中。五月的一天，楚灵王在申亥家逝世，申亥让两个女子殉葬，并安葬了楚灵王。

8

吃鱼吃出人命来

公元前522年，楚国流亡之臣伍子胥逃来吴国，公子光对他很好。公子光在暗中结纳贤士，想袭击王僚，自己当皇帝。伍子胥知道公子光别有目的，就给他推荐一位名叫专诸的勇士。伍子胥退居郊野耕作度日，来等待专诸大事成功。

公元前515年冬，楚平王死去。公元前514年春，吴王想借楚国有国丧而攻伐它，派公子盖（gě）余、烛庸带兵包围楚国的六（lù）、灊（qián）二邑，派季札出使晋国，来观察诸侯的动静。谁知楚国派奇兵绝其后路，吴兵被阻不能回国。吴公子光认为机会来到了，告诉专诸杀死王僚。

四月的一天，公子光把甲士埋伏于地下室之中，然后请王僚来宴饮。王僚也怕出问题，就派兵列于道旁，从王宫到公子光之家，直至光家的大门、台阶、屋门、坐席旁，布满王僚的亲兵，人人手执利剑。王僚来到后，公子光假装脚疼，藏进了地下室，派专诸将匕首藏于烤全鱼的腹中，伪装上菜。专诸将鱼送至王僚前时，从鱼腹中取出匕首刺向王僚，左右卫士急用剑刺入专诸胸膛，但王僚已被杀死。公子光后来成为吴王，就是吴王阖庐。阖庐也不忘专诸的帮助，任命专诸之子为卿。

9

飞鸟尽 良弓藏

越王勾践平定了吴国后，诸侯们都来庆贺，越王号称霸王。

范蠡侍奉勾践，辛苦惨淡、勤奋不懈，与勾践运筹谋划二十多年，终于灭亡了吴国，洗雪了会稽的耻辱。勾践称霸，范蠡做了上将军。回国后，范蠡以为盛名之下，难以长久，他知道勾践的为人，可与之同患难，难与之同安乐，写信向勾践辞别。勾践怕担着成功了就舍弃有功大臣的名声，就说："我将和你平分越国。否则，就要加罪于你。"范蠡知道他是假意挽留，说："君主可执行您的命令，臣子仍依从自己的意趣。"于是他打点包裹，与随从从海上乘船离去，始终未再返回越国，勾践不费吹灰之力就了结了一种担忧，很高兴，为表彰范蠡把会稽山作为他的封邑。

范蠡于是离开了越王，从齐国给大夫文种发来一封信。信中说："飞鸟尽，良弓藏；狡兔死，走狗烹。越王是长颈鸟嘴，只可以与之共患难，不可以与之共享乐，你赶紧离开吧。"文种看过信后，声称有病不再上朝，舍不得富贵，就没有离开。有人中伤文种将要作乱，越王就赏赐给文种一把剑说："你教给我攻伐吴国的七条计策，我只采用三条就打败了吴国，那四条还在你那里，你替我去到先王面前尝试一下那四条吧！"文种于是自杀身亡。

越王勾践剑

10

战国时代　帝王难长命

战国时代，生在帝王之家未必是好事，乱世之中，帝王可是众矢之的，短命的帝王多了去了。

公元前481年，齐国田常杀了他们的国君简公。

公元前479年，楚灭掉了陈国。

公元前453年，韩、赵、魏三家消灭了智伯，瓜分了他的土地。

公元前441年，定王逝世，长子去疾登位，这就是哀王。哀王登位三个月，他的弟弟叔袭杀了哀王，自己登上王位，这就是思王。思王登位五个月，他的小弟弟嵬攻杀思王自立为王，这就是考王。这三个王都是定王的儿子。

不愧是战国时代，乱就是特点！

11

用铜勺打死代王

公元前457年，赵简子去世，赵襄子毋恤即位。襄子的姐姐从前是代王夫人。简子安葬以后，襄子还没有除丧服，就到北边登上夏屋山，请来代王，让厨师拿着铜勺请代王和他的随从进餐。斟酒时，暗中让厨师用铜勺打死代王和随从官员，然后就发兵平定代地。他的姐姐听说这件事后，哭泣着呼天，磨尖簪子自杀了。代地人同情她，把她自杀的地方叫作摩笄之山。代王不明所以，来吃个饭就被打死，临死也没能做个饱死鬼，真冤死了。

12

齐王被饿死

齐王感叹秦国的强大，畏惧秦国，要动身往咸阳朝拜秦王嬴政。齐国的雍门司马迎上前说："齐国之所以要设立国君，是为了国家，还是为了国君自己啊？"齐王说："是为国家。"司马道："既然是为了国家才设立君王，那您为什么还要离开自己的国家而到秦国去呢？"齐王于是下令掉转车头返回王宫。即墨大夫闻讯进见齐王，让齐王召集逃散的其他国家的民众去攻打秦国，对待这一符合形势，也容易成功的建议，齐王没有接受。他不是开疆拓土之君，勉强算个守城之主。

公元前221年，秦将王贲率军从燕国向南进攻齐国，突然攻入都城临淄，齐国国民中没有敢于抵抗的。秦国派人诱降齐王，约定封给他五百里的土地，齐王还真听话，便投降了。秦国却将他迁移到共地，安置在松柏之间，最终被饿死。

13

为了活命 大杀四方

秦始皇巡视北部边界，经由上郡返回京城。燕国人卢生被派入海求仙回来了。为了鬼神的事，他奏上了宣扬符命占验的图箓之书，上面写着"灭亡秦朝的是胡"。据说这个"胡"字是指胡亥，可是秦始皇没有理解，就派将军蒙恬率兵三十万去攻打北方的胡人，夺取了黄河以南的土地。秦始皇为了自己活命，根本不在乎别人的性命，因此而死的人太多了。

公元前211年，火星侵入心宿，这种天象象征着帝王有灾。有颗陨星坠落在东郡，落地后变为石块，老百姓有人在那块石头上刻了"始皇帝死而土地分"。秦始皇听说了，就派御史前去挨家查问，没有人认罪，于是把居住在那块石头周围的人全部抓来杀了，焚毁了那块陨石。

14

烧死　煮死　接着煮死

项羽包围了刘邦，刘邦手下纪信对刘邦说："形势危急，请让我假扮成大王去替您诓骗楚兵，您可以趁机逃走。"于是刘邦趁夜从荥阳东门放出两千名身披铠甲的女子，楚兵立即从四面围打上去。纪信乘坐着天子所乘的黄屋车，对着楚军大喊："城中粮食已经吃光了，汉王投降。"楚军一起欢呼万岁。刘邦此时也带着几十名骑兵从城的西门逃出，逃到成皋。项羽以为是刘邦投降，一看是纪信，问道："汉王在哪儿？"纪信说："汉王已经出城。"项羽很生气，就把纪信烧死了。

刘邦派御史大夫周苛、枞公等把守荥阳。楚军攻下荥阳城，活捉了周苛。项羽对周苛说："给我做将军吧，我任命你为上将军，封你为三万户侯。"周苛骂道："你若不快快投降汉王，汉王就要俘虏你了，你不是汉王的对手。"项羽发怒，煮死周苛，把枞公也一块儿杀了。

项羽率兵西进，屠戮咸阳城，杀了秦降王子婴，烧了秦朝的宫室，大火三个月都不熄灭；劫掠了秦朝的财宝、妇女，往东走了。有人劝项羽说："关中这块地方，有山河为屏障，四方都有要塞，土地肥沃，可以建都，成就霸业。"但项羽看到秦朝宫室都被火烧得残破不堪，又思念家乡想回去，就说："富贵不回故乡，就像穿了锦绣衣裳而在黑夜中行走，别人谁知道呢？"那个劝项羽的人说："人说楚国人像是猕猴戴了人的帽子，果真是这样。"项羽听见这话，把那个人扔进锅里煮死了。

15

一下就死二十万

　　章邯的军队驻扎在棘原，项羽的军队驻扎在漳河南，两军对阵，相持未战。由于秦军屡屡退却，秦二世派人来责问章邯。章邯害怕了，派长史司马欣回朝廷去请示公事。司马欣到了咸阳，被滞留在宫外的司马门待了三天，赵高竟不接见，心有不信任之意。长史司马欣非常害怕，赶快奔回棘原军中，都没敢顺原路走，赵高果然派人追赶，没有追上。司马欣回到军中，向章邯报告说："赵高在朝廷中独揽大权，下面的人不可能有什么作为。如今仗能打胜，赵高必定嫉妒我们的战功；打不胜，我们更免不了一死。希望您认真考虑这情况！"这时，陈余也给章邯写了封信劝降，说：现在将军您在内不能直言进谏，在外已成亡国之将，孤自一人支撑着却想维持长久，难道不可悲吗？将军您不如率兵掉转回头，与诸侯联合，订立和约一起攻秦，共分秦地，各自为王，南面称孤，这跟身受刑诛、妻儿被杀相比，哪个上算呢？

　　章邯派人求见项羽，想订和约。项羽召集军官们商议说："部队粮草不多，我想答应他们来订约。"军官们都说："好。"项羽就和章邯约好日期在洹水南岸的殷墟上会晤。订完了盟约，项羽封章邯为雍王，安置在项羽的军中。任命司马欣为上将军，统率秦军担当先头部队。部队到了新安。诸侯军的官兵以前曾经被征徭役，驻守边塞，路过秦中时，秦中官兵很多人对待他们不像样子，等到秦军投降之后，诸侯军的官兵很多人就借着胜利的威势，像对待奴隶一样地使唤他们，随意侮辱。秦军官兵很多人私下议论："章将军骗我们投降了诸侯军，如果能入关灭秦，倒是很好；如果不能，诸侯军俘虏我们退回关东，秦朝廷必定会把我们父母妻儿全部杀掉。"诸侯军将领们暗地访知秦军官兵的这些议论，就报告了项羽。项羽召集黥布、蒲将军商议道："秦军官兵人数仍很多，他们内心里还不服，如果到了关中不听指挥，事情就危险了，不如把他们杀掉，只带章邯、长史司马欣、都尉董翳进入秦地。"于是楚军趁夜把秦军二十余万人击杀坑埋在新安城南。对待这种不稳定因素，项羽选择的不是解开官兵的疑惑，或者安慰受降的官兵，而是直接杀死，这种简单粗暴的做法，也正是他性格的写照，预示着他的命运也不会有好下场。

16

韩非挡人仕途，注定要死

韩非是韩国的公子之一，精通刑名法术的学说。他看到韩国国力日益削弱，多次写信给韩王求取录用，但总得不到韩王的任用。韩非深恶韩国治国不选任贤能，反而推崇虚浮、淫乱无能的蠹虫之辈，他考察了以往的得失变化，撰写了《孤愤》《五蠹》《内储》《外储》《说林》《说难》等五十六篇文章，十多万字。

秦王嬴政听说韩非是个德才兼备的人，便想约见他。公元前233年，韩非正好作为韩国的使者来到秦国，就趁机写信呈给嬴政，劝说道："现今秦国的疆域方圆数千里，军队号称百万，号令森严，赏罚公平，天下没有一个国家能比得上。我冒死渴求见您一面，给您说一说破坏各国合纵联盟的计略。您若真能听从我的主张，那么，您如果不能一举拆散天下的合纵联盟，战领赵国，灭亡韩国，使楚国、魏国臣服，齐国、燕国归顺，不能令秦国确立霸主的威名，使四周邻国的国君前来朝拜，就请您把我杀了在全国示众，以此告诫那些为君主出谋划策不起作用的人。"嬴政读后，很高兴，知道这是一个人才，但一时还没有任用他。李斯很忌妒韩非，怕韩非得宠，取代了他的地位，便对嬴政说："韩非是韩国的一个公子，如今您想吞并各国，韩非最终还是要为韩国利益着想，而不会为秦国尽心效力的，这也是人之常情。现在您不用他，而让他在秦国长期逗留后再放他回去，这不啻是自留后患啊。还不如将他除掉算了。"秦王政认为李斯说得有理，便把韩非交司法官吏治罪。李斯赶紧派人送毒药给韩非，让他及早自杀。不久，秦王有些后悔，就派人去赦免韩非，可是韩非已经死了。

古籍文献韩非子著作

17

蒙毅不要得罪小人

赵高兄弟几人，都是生下来就被阉割而成为宦者的，秦王听说赵高办事能力很强，精通刑狱法令，就提拔他担任了中车府令。赵高就私下巴结公子胡亥，和胡亥关系不错。赵高犯下了重罪，秦王让蒙毅依照法令惩处他。蒙毅说依据法律，应当判处死刑。后来秦始皇因为赵高办事勤勉尽力，赦免了他，恢复了他原来的官职，但是赵高私下里很怨恨蒙毅。

公元前210年冬天，秦始皇御驾外出巡游。半途得了重病，派蒙毅转回祷告山川神灵。没等蒙毅返回，走到沙丘就逝世了。中车府令赵高和丞相李斯、公子胡亥暗中策划，拥立胡亥为太子。太子拥立之后，派遣使者，捏造罪名，拟定公子扶苏和蒙恬死罪。扶苏自杀后，蒙恬产生怀疑，又请求申诉。使者就把蒙恬交给主管官吏处理，另外派人接替他的职务。

蒙毅祈祷山川神灵后返回来，赵高怨恨蒙毅，想要铲除蒙氏兄弟，就劝胡亥杀掉这两个人，胡亥就在代郡把蒙毅囚禁起来。在此以前，已经把蒙恬囚禁在阳周。后来胡亥做了二世皇帝，赵高就日日夜夜毁谤蒙氏，搜罗他们罪过，检举弹劾他们。

胡亥派遣御史曲宫乘坐驿车前往代郡，命令蒙毅说："先主要册立太子，而你却加以阻挠，如今丞相认为你不忠诚，罪过牵连到你们家族，我不忍心，就赐予你自杀吧，也算是很幸运了。你考虑吧！"蒙毅辩解，但是使者知道胡亥的意图，听不进蒙毅的申诉，就把他杀了。二世皇帝又派遣使者前往阳周，命令蒙恬说自杀，蒙恬辩解也没人听，只好吞下毒药自杀了。

18

不要生在帝王家

公元前209年四月，秦二世抵达咸阳，对赵高说："人生在世，犹如白驹过隙。我既已经统治天下，就想要尽享我的耳目所喜闻、乐见的全部东西，享尽我心意中所喜欢的任何事物，直到我的寿命终结，你看怎么样？"赵高知道秦二世想享乐，但是有后患啊，于是说："沙丘夺权之谋，诸位公子和大臣都有所怀疑。而各位公子都是您的哥哥，大臣又都是先帝所安置的。如今陛下刚刚即位，这些公子臣僚正快快不服，恐怕会发生事变。我尚且战战栗栗，生怕不得好死，陛下又怎么能够这样享乐呀！"二世也害怕了，赶紧问道："那该怎么办呢？"

赵高这时早有了主意，就说："陛下应实行严厉的法律、残酷的刑罚，使有罪的人株连他人，这样可将大臣及皇族杀灭干净，然后收罗提拔遗民，使贫穷的富裕起来，卑贱的高贵起来，并把先帝过去任用的臣僚全都清除出去，改用陛下的亲信。这样一来，他们就会暗中感念您的恩德；祸害被除掉，奸谋遭堵塞，群臣没有不蒙受您的雨露润泽、大恩厚德的。如此，陛下就可以高枕无忧，纵情享乐了。再没有比这个更好的计策了！"二世认为赵高说得有理，于是便修订法律，务求更加严厉苛刻，凡大臣、各位公子犯了罪，总是交给赵高审讯惩处。就这样，有十二位皇子在咸阳街市上被斩首示众，十名公主在杜县被分裂肢体而死，他们的财产全部充公。受牵连被逮捕的人更是不可胜数。很多人希望生在帝王之家，却不知道更容易送命，因为帝王只有一个，其余的都是危险分子，都会被帝王猜忌，碰上心狠毒辣的帝王，周围的兄弟叔伯，一个个都没有好下场！

19

秦二世是被自己蠢死的

秦二世任赵高为中丞相，无论大事小事都由赵高决定。赵高自知权力过重，就献上鹿，称它为马。二世问左右侍从说："这是鹿吧？"左右都说："是马。"二世惊慌起来，也不仔细地考察，也不认真地考虑，以为自己糊涂了，就把太卜召来，叫他算上一卦。太卜说："陛下春秋两季到郊外祭祀，供奉宗庙鬼神，斋戒时不虔诚，所以才到这种地步。可依照圣明君主的样子再虔诚地斋戒一次。"于是，二世就到上林苑中去斋戒。整天在上林苑中游玩射猎。一次有个行人走进上林苑中，二世亲手把他射死。赵高借机说，天子无缘无故杀死没有罪的人，上天将会降下灾祸，应远离皇宫以祈祷消灾。二世就离开皇宫到望夷宫去居住。

二世在望夷宫里住了三天，赵高就假托二世的命令，让卫士们都穿着白色的衣服，手持兵器面向宫内，自己进宫告诉二世说："山东各路强盗都攻进来了！"二世上楼台观看，看到卫士拿着兵器朝向宫内，非常害怕，赵高立刻逼迫二世自杀。二世不辨真假，从指鹿为马就看得出来，这个二世有点蠢，无奈之下，只好自杀。赵高知道自己要当皇帝，群臣也不会答应，就把子婴叫来，让子婴即位。

20

郦食其被开水煮死了

郦食其是陈留高阳人。沛公赐给郦食其广野君的称号。刘邦派遣郦食其前往游说齐国投降。郦食其劝齐王田广说："……您若是赶快投降汉王，那么齐国的社稷还能够保全下来；倘若是不投降汉王的话，那么危亡的时刻立刻就会到来。"田广认为郦食其的话是对的，就听从郦食其，撤除了兵守战备，天天和郦食其一起纵酒作乐。

淮阴侯韩信当时正在攻打齐国，听说郦食其没费吹灰之力，坐在车上跑了一趟，凭三寸不烂之舌便取得了齐国七十余座城池，心中很不服气，就乘夜幕的掩护，带兵越过平原偷偷地袭击齐国。齐王田广听说汉兵已到，认为是郦食其出卖了自己，便对郦食其说："如果你能阻止汉军进攻的话，我让你活着，若不然的话，我就要烹杀了你！"郦食其知道自己不可能说服韩信，只好说："干大事业的人不拘小节，有大德的人也不怕别人责备。你老子不会替你再去游说韩信！"结果，齐王便把郦食其煮死了，然后带兵向东逃跑而去。其实是韩信害死了郦食其。

21

赵王被囚禁饿死

赵王刘友的王后是吕太后的女儿，刘友不喜欢她，而喜欢其他的姬妾。这个吕太后的女儿很嫉妒，恼怒之下离开了家，到吕后面前诽谤刘友，诬告刘友曾经说："吕氏怎么能封王！太后百年之后，我一定收拾他们。"吕太后大怒，公元前181年正月，召赵王来京。赵王到京后，吕太后把他安置在官邸里却不接见，并派护卫队围守着，不给他饭吃。赵王的臣下有偷着给送饭的，就被抓起来问罪。赵王饿极了，就作了一首歌，唱道：

> 诸吕朝中掌大权啊，刘氏江山实已危；
> 以势胁迫诸王侯啊，强行嫁女为我妃。
> 我妃嫉妒其无比啊，竟然谗言诬我罪；
> 谗女害人又乱国啊，不料皇上也蒙昧。
> 并非是我无忠臣啊，如今失国为哪般？
> 途中自尽弃荒野啊，曲直是非天能辨。
> 可惜悔之时已晚啊，宁愿及早入黄泉。
> 为王却将饥饿死啊，无声无息有谁怜！

吕氏天理已灭绝啊，祈望苍天报仇冤。

过了几天，赵王被囚禁饿死，吕太后派人按照平民的葬礼，把他埋在长安百姓坟墓的旁边。

22

刘长杀人　自己饿死

赵王张敖向高祖刘邦献上一位美人，美人得宠幸而怀孕。等到赵相贯高谋杀高祖的计划败露，美人也受株连被囚禁于河内。美人的弟弟赵兼，请辟阳侯审食其向吕后求情，吕后嫉妒美人，不肯为她说话。美人这时已经生子，感到愤恨，便自杀身亡。官吏将其所生之子送给高祖，高祖也有后悔之意，为婴儿取名刘长，令吕后收养。后来，高祖封刘长为淮南王。

清代威廉·桑德斯摄影代表作《囚犯》

公元前177年，淮南王入朝，与汉文帝同乘一车，经常称文帝为"大哥"。他去见辟阳侯审食其，用袖中所藏铁锥将他击倒，并令随从魏敬割他的脖子。然后，刘长疾驰到皇宫门前，袒露上身，表示请罪。文帝感念他的为母亲复仇之心，所以没有治他的罪。当时，薄太后及太子和大臣们都惧怕淮南王。因此，淮南王归国以后，更加骄横恣肆，出入称警跸，自称皇帝，上比于天子。袁盎进谏说："诸侯过于骄傲，必生祸患。"文帝不听。

公元前174年，淮南王刘长自设法令，推行于封国境内，驱逐了汉朝廷所任命的官员，请准备发动叛乱；反情败露，刘长被安置在密封的囚车中，文帝下令沿途所过各县依次传送。

袁盎进谏说："皇上一直骄宠淮南王，不为他配设严厉的太傅和相，所以才发展到这般田地。淮南王秉性刚烈，现在如此突然地摧残折磨他，我担心他突然遭受风露生病而死于途中，陛下将有杀害弟弟的恶名，这可如何是好？"文帝说："我的本意，只不过要让刘长受点困苦罢了，现在就派人召他回来。"淮南王刘长果然愤恨绝食而死。

性格决定命运，刘长的性格决定了他会做出很多出格之事，也决定了他不会活得长久。

23

申屠嘉吐血而死

内史晁错多次请求单独与景帝谈论国政，景帝每每采纳他的意见，受宠幸超过了九卿，经晁错的建议修改了许多法令。丞相申屠嘉因景帝不采用他的意见而自行辞职，但是怨恨晁错。晁错作为内史，内史府的门东出不便，就另开了一个门南出。这个南门，开凿在太上皇庙外空地的围墙上。申屠嘉听说晁错打通了宗庙的墙，就上奏景帝，请诛杀晁错。有人把此事告知晁错，晁错很害怕，赶紧夜里入宫求见景帝，向景帝自首，寻求保护。到天亮上朝时，申屠嘉奏请诛杀内史晁错。景帝说："晁错所打通的墙，并不是真正的庙墙，而是宗庙外边的围墙，原来的一些散官住在那里；而且又是我让晁错这样做的，晁错没有罪。"丞相申屠嘉只好表示谢罪。

散朝之后，申屠嘉对长史说："我后悔没有先把晁错斩首再去奏请皇上认可，现在却为晁错所欺。"回到府中，申屠嘉气得吐血而死。

24

周亚夫绝食而死

周亚夫升任丞相，汉景帝非常器重他。后来，景帝废了栗太子，丞相周亚夫极力争辩，也未能劝阻。景帝从此不待见他。后来匈奴王唯徐卢等五人投降汉朝。景帝想要封他们为侯以鼓励后来的人。丞相周亚夫说："那几个人背叛他们的君主投降陛下，陛下如果封他们为侯，那还怎么去责备不守节操的臣子呢？"景帝没理会，把唯徐卢等人全都封为列侯。周亚夫因而称病退居在家中。公元前147年，周亚夫因病被免去丞相职务。

不久，景帝在皇宫中召见周亚夫，赏赐酒食。席上只放了一大块肉，没有切碎，也不放筷子。意思是给周亚夫难堪吧？周亚夫心中不满，扭头就叫管宴席的官拿筷子来。景帝看到后很生气，但也没说别的，皇帝起身，周亚夫趁机快步走出。景帝目送他出去后。说："这个遇事就不满

1968年河北省保定市满城县刘胜墓出土的金缕玉衣

意的人不能任少主的大臣啊！"意思是自己死后，这个人就没人管得住了。

过了一段时间，周亚夫的儿子从专做后宫用品的工官那里给父亲买了五百件殉葬用的盔甲盾牌。搬运的雇工很受累，可是不给钱。雇工们知道他偷买天子用的器物，一怒就上告周亚夫的儿子要反叛，事情自然牵连到周亚夫。景帝下令把周亚夫交到廷尉那里去。廷尉责问说："您是想造反吗？"周亚夫知道是"欲加之罪，何患无辞"，就说："我所买的器物都是殉葬用的，怎么说是要造反呢？"狱吏说："您纵使不在地上造反，也要到地下去造反吧！"就天天逼迫他。起初，狱吏逮捕周亚夫的时候，周亚夫想自杀，夫人制止了他，因此没能死，接着就进了廷尉的监狱。现在周亚夫知道自己已经被皇帝忌恨了，难以活命，于是五天不吃饭，吐血而死。他的封地被撤除。

25

死要死得轰轰烈烈

主父偃是齐地临菑人，学习战国时代的纵横家的学说，后来得到汉武帝的重用。一年当中，四次提升主父偃的职务。主父偃向皇上进谏推恩令，汉武帝听从了他的主张。

大臣们都畏惧主父偃，贿赂和赠送给他的钱，累计有千金之多。有人劝说主父偃说："你太横行了。"主父偃说："我从束发游学以来已四十余年，自己的理想得不到实现，父母不把我当儿子看，兄弟们不肯收留我，宾客抛弃我，我穷困的时日已很久了。况且大丈夫活着，如不能列五鼎而食，那么死时就受五鼎烹煮的刑罚好了。我已到日暮途远之时，所以要倒行逆施，横暴行事。"

果然，主父偃向皇上讲了齐王刘次景在宫内淫乱邪僻的行为，皇上任命他当了齐相。主父偃到了齐国，派人用齐王与其姐姐通奸的事来触动齐王，齐王害怕被判处死罪，就自杀了。主持此事的官员把这事报告给皇上。

汉武帝听到后，大怒，认为是主父偃威胁他的齐王使其自杀的，就把主父偃家族的人都杀了。主父偃果然是死得轰轰烈烈啊！

26

好母亲才生出好儿子

长史朱买臣是会稽人，因犯法罢官，代理长史，去拜见张汤，张汤不以礼对待朱买臣。朱买臣是楚地士人，深深怨恨张汤，常想把他整死。

王朝是齐地人，凭着儒家学说当了右内史。

边通，学习纵横家的思想学说，是个性格刚强暴烈的强悍之人。

明代画家沈周《桐荫高仕图》

从前，这三个人都比张汤的官大，不久丢了官，代理长史，对张汤行屈体跪拜之礼。

张汤屡次兼任丞相的职务，知道这三个长史原来地位很高，就常常欺负压制他们。因此，三位长史合谋陷害。汉武帝以为张汤心怀狡诈，当面欺骗君王，派八批使者按记录在案的罪证审问张汤。

　　张汤自己说没有这些罪过，不服。于是皇上派赵禹审问张汤。张汤知道有理说不清，知道阴谋陷害自己的是三位长史，于是就自杀了。

　　张汤死时，家产总值不超过五百金，都是所得的俸禄和皇上的赏赐，没有其他的产业。张汤兄弟和儿子们仍想厚葬张汤，他母亲说："张汤是天子的大臣，遭受恶言诬告而死，何必厚葬呢？"于是就用牛车拉着棺材，没有外椁。汉武帝听到这情况后，说："没有这样的母亲，生不出这样的儿子。"就彻查此案，把三个长史全都杀了。

　　害人者终害己，做人还是高尚一点、大度一点比较好！

第十章 谁说女子不如男 个个都顶半边天

　　历史是人的历史，自然就是由男人和女人一起书写的。之所以要强调女人，是女人在历史上的地位常常被人忽略。世界十分美丽，但如果没有女人，将失掉七分色彩。漫卷历史长河，几番风吹雨打，几番风平浪静，历史还原为本色，女子还原为女子。或许是历史湮没了女子，或许是女子点缀了本已苍白的历史……

　　本节选取了历史上不同性格、不同结局女性的故事，这些女性用自己的传奇人生谱写了一曲曲动人的乐章，她们的姓名应该铭刻进历史的篇章。

1

人够三个就叫"众" 美女够三人叫什么

俗话说：三个女人一台戏，美女够三个人可不叫"一台戏"，叫什么呢？看完故事就知道了。

周穆王逝世，儿子共王繄扈继位。共王出游到泾水边上，密康公跟随着，不知道怎么的，就有三个同姓女子来投奔密康公。密康公的母亲说："你一定要把她们献给国王。野兽够三只就叫'群'，人够三个就叫'众'，美女够三人就叫'粲'。君王田猎都不敢猎取太多的野兽，诸侯出行对众人也要谦恭有礼，君王娶嫔妃不娶同胞三姐妹。那三个女子都很美丽。那么多美人都投奔你，你有什么德行承受得起呢？君王尚且承受不起，更何况你这样的小人物呢？小人物而拥有宝物，最终准会灭亡。"结果，密康公没有献出那三个女子，只一年，共王就把密国灭了。有好东西自己留着不算错，但是被领导知道了还想据为己有，那么结果是可以预见的！

2

不是褒姒 而是幽王败了国

褒国人得罪了周朝，把一个小女孩献给厉王，以求赎罪，因为小女孩是褒国献出，所以叫她褒姒。周幽王到后宫去，一见到这女子就非常喜爱。褒姒不爱笑，幽王为了让她笑，用了各种办法，褒姒仍然不笑。周幽王设置了烽火狼烟和大鼓，有敌人来侵犯就点燃烽火。周幽王为了让褒姒笑，点燃了烽火，诸侯见到烽火，全都赶来了，赶到之后，却不见有敌寇，褒姒看了果然哈哈大笑，诸侯们却都很愤怒。幽王很高兴，后来又多次点燃烽火。《狼来了》的故事经常上演，诸侯们都不相信了，也就

法国国家图书馆藏《帝鉴图说》周幽王烽火戏诸侯

渐渐不来了。公元前779年，褒姒生下儿子伯服，幽王就把自己的申后和太子都废掉了，让褒姒当了王后，伯服做了太子。

周幽王废掉了申后和太子，申后的父亲申侯很气愤，联合缯国、犬戎一起攻打幽王。幽王点燃烽火召集诸侯的救兵。诸侯们没有人再派救兵来。申侯就把幽王杀死在骊山脚下，俘虏了褒姒，把周皇宫的财宝都拿走才离去。后来诸侯们共同立幽王从前的太子宜臼为王，这就是平王，由他来继承周朝的祭祀。

后人习惯把褒姒当作祸国殃民的红颜祸水，其实褒姒过错很少，关键点在周幽王，要不是他迷恋美色，要不是他宠信褒姒，要不是他拿国家大事开玩笑，最后他也不会被杀害啊！

3

第一个"黑锅"女：妹喜

妹(mò)喜，音末，女字旁加个本末的末，不是姐妹的妹。也写作末喜。又作妹嬉、末嬉；有施氏的公主，是当时的全国第一美女。夏朝第十七位君主桀(姒履癸)的王后，淳维的后母。有人称胡妹喜。

根据先秦时代记述女子名时所用的全称和简称方式，妹喜应姓喜，即嬉(也作僖)。由于其名字的"妹"字与"妹妹"的"妹"字字形相似，且在《庄子》等作中也有以妹为妹的用法，因此常误作妹喜。有诗称赞妹喜的美丽："有施妹喜，眉目清兮。妆霓彩衣，袅娜飞兮。晶莹雨露，人之怜兮。"

夏桀代有施氏（今山东省滕州市）是东方小国，国弱力薄，夏桀准备进攻有施氏，有施氏探知夏桀是一位好色暴君，投其所好，选了美女妹喜进献请降。夏桀见妹喜貌美，十分高兴，遂罢兵带妹喜回到王都。妹喜见王都官殿陈旧，很不高兴，桀王为了讨好妹喜，造倾宫，筑瑶台，用玉石建造华贵的琼室外瑶台，以此作为离宫，终日饮宴淫乐，不理政事。妹喜喜欢听"裂缯之声"，夏桀就把缯帛撕裂，以博得她的欢笑。夏桀攻打岷山，岷山氏效法有施氏，也献了美女，一个叫琬，一个叫琰，渐渐冷落了妹喜。妹喜生恨，还暗地里为商汤送夏军情。夏灭，商汤并没有感谢妹喜，而将妹喜和桀流于东海毙。

当越王勾践差范蠡把西施献给吴王夫差的时候，伍子胥进言："臣闻：夏亡以妹喜，殷亡以妲己，周亡以褒姒。夫美女者，亡国之物也，王不可受。"由此得知，后世把妹喜当作红颜祸水的例证。但是看历史书《国语·晋语一》，上面也是很少的一段文字，只说："昔夏桀伐有施，有施人以妹喜女焉，妺喜有宠，于是乎与伊尹比而亡夏。"并没有关于妺喜放荡、惑君、裂帛、裸游等等恶行。只是到了汉代以后，才有了纵情声色、恣意享受、酒池肉林、裸身嬉戏种种说法。显然，这都是后人的演绎，是封建御用文人的说辞，并不是史实。

对于妺喜，今人有许多客观的评价。柏杨在《中华古籍之皇后之死》中，介绍妺喜一段，就以"一个可怜的女俘"为题，他说妺喜是个可怜的女俘，在《是"女祸"还是"男祸"？》一文中，认为不能把历史上许多王朝之衰亡都归咎于女人，盖纵情淫乐的罪魁祸首在于作为帝王之男子。可以说，妺喜她是中国历史上第一个背负最大"黑锅"的女子。

法国国家图书馆藏《帝鉴图说》妲己祸乱国家

4

古代的自由恋爱

燕、秦、楚及三晋合谋，各派出精兵来进攻齐国，在济水以西打败齐军。齐湣王出逃。这时楚国派淖齿领兵救援齐国，因而就辅佐齐湣王，结果淖齿竟把湣王杀了，并与燕国一起瓜分了侵占齐国的土地和掠夺的宝器。

湣王遇害之后，他的儿子法章更名改姓去莒太史敫的家中当佣人。太史敫的女儿感到法章相貌不凡，认为他不是平常之人，怜爱他因而时常偷着送他一些衣食，日久生情，就和法章私通了。淖齿离开莒城之后，莒城里的人和齐国逃亡的大臣聚在一起寻找湣王的儿子，想要立他为齐王。法章先是害怕他们要杀害自己，过了很久，才敢自己声言"我就是湣王的儿子"。于是莒人共同让法章

明代仇英《吹箫引凤》图，描绘秦穆公之女弄玉在凤楼上吹箫引来凤凰的故事

即位，这就是襄王。

襄王即位后，就把太史敫的女儿接来，立太史氏的女儿为王后，称为君王后，生了儿子名建。太史敫说："女儿不经媒人而私自嫁人，不能算我的后代，她玷污了我们的家风。"他就终身不与君王后见面。不过太史敫的女儿十分贤惠，并不因为父亲不见她就失掉了做子女的礼节。

古代注重父母之命、媒妁之言，没有媒人从中撮合，不能婚娶，太史敫的女儿自己找丈夫，算是败坏门风。在当时来看，太史敫的女儿能按自己意愿找合适的丈夫，算是有见地的女子。

5

老婆是别人的好

公元前711年的一天，宋大司马孔父嘉的美貌夫人外出，路遇太宰华督，华督看中嘉的夫人，竟目不转睛地盯住她。华督贪图孔父妻，就让人在国中扬言说："殇公即位十年，竟打了十一次大仗，百姓苦不堪言，这都是孔父的罪过，我要杀死孔父以安定人民。"公元前710年，华督杀死孔父嘉，夺了他的妻子。宋殇公很生气，于是华督又杀死殇公，从郑国迎回穆公儿子冯并立他为君王，这就是宋庄公。

老话说：老婆是人家的好，孩子是自己的好！华督既得到了美女，也得到了权势，可谓是一举两得。

6

父亲与丈夫哪一位更亲

对于女人来说，父亲与丈夫哪一位更亲？不同的人有不同的回答，我们看看古代的祭仲女儿是如何做的。

公元前697年，祭仲专权。郑厉公很忧心，寝食难安，暗中让祭仲的女婿雍纠杀死祭仲。雍纠的妻子是祭仲的女儿，她知道此事后，问母亲："父亲与丈夫哪一位更亲。"母亲说："父亲只有一个，丈夫却可以有很多选择的！"祭仲女儿就把此事告诉了祭仲，祭仲反而杀死了雍纠，并暴尸于闹市上。厉公对祭仲无可奈何，对雍纠却很生气，说："与妇人商量，死本来就活该了！"夏季，厉公被赶到边界的栎邑居住。祭仲迎来了原来的主人郑昭公忽，郑昭公忽回到郑都即位了。

7

儿子还是自己的好

公元前663年，晋国打败骊戎，骊戎求和，国君把自己的两个女儿送给晋献公求和，长女骊姬，生了个儿子，名叫奚齐；次女少姬，生子名卓子，骊姬以美色取得了晋献公的专宠。晋献公立骊姬为夫人，封少姬为次妃，骊姬还想进一步废去太子申生，立奚齐为太子。因为自己儿子将来继承王位，自己就是太后啊！儿子还是自己的好，但是骊姬很有心计，从来不在人前说太子的坏话。一次齐献公私下对骊姬说："我想废掉太子，让奚齐代替他。"骊姬听后哭着说："太子已经立好，诸侯们都已经知道了，而且太子多次统率军队，百姓都归附他，为什么因为我就废掉嫡长子而立庶子，你一定这样做，我就自杀了。"骊姬假装赞扬太子，暗中却让人中伤太子。

公元前657年，骊姬对太子说："君王曾梦见齐姜，太子应立即去曲沃祭祀母亲，回来后把胙肉献给君王。"于是太子赶到曲沃去祭祀母亲，回晋都后，把胙肉奉送给献公。献公当时出去打猎了，太子便把胙肉放在宫中。骊姬派人在胙肉上放了毒药。过了两天，献公打猎回宫，厨师把胙肉献给献公，献公正想享用，骊姬从旁阻止说："胙肉来自远方，应尝尝它。"厨师把胙肉扔给狗，狗吃后立即死了；厨师把胙肉给宦臣吃，宦臣也死了。骊姬哭着说："太子怎么这么残忍呢！连自己的父亲都想杀死去接替其位，何况其他人呢？况且您已经年老了，还能在世几天呢，太子竟迫不及待地想杀死您！"骊姬接着又对献公说："太子之所以这样做，不过是我和奚齐的缘故。我们母子宁愿躲到别国，或早早自杀，不要白白让我母子俩被太子残害。当初您想废掉他，我还反对您；到了今天，我才知道我大错特错了。"太子听到这事后，知道自己被陷害了，就逃到新城，献公非常生气，有人又对太子说："那你赶快逃到别的国家去吧。"太子说："带着这个罪名逃跑，谁能接纳我呢？我自杀算了。"便在新城自杀身亡。骊姬终于得偿所愿了！

8

成功男人背后都有好女人

晋文公重耳是晋献公的儿子。公元前655年，献公派人追杀重耳。重耳在赵衰、咎犯等人的保护下四处逃窜。后来重耳到了齐国，齐桓公厚礼招待他，

明代唐寅《王蜀宫妓图》

并把同家族的一个少女嫁给重耳，陪送二十辆驷马车，重耳在此感到很满足。重耳在齐总共住了五年。重耳爱恋在齐国娶的妻子，没有离开齐国的意思。赵衰、咎犯有一天就在一棵桑树下商量离齐之事。重耳妻子的侍女在桑树上听到他们的密谈，回屋后偷偷告诉了重耳妻子。重耳妻子竟把侍女杀死，劝告重耳赶快走。重耳说："人生来就是寻求安逸享乐的，何必管其他事，我要老死在齐，不能走。"妻子说："您是一国的公子，走投无路才来到这里，您的这些随从把您当作他们的生命。您不赶快回国，报答劳苦的臣子，却贪恋女色，我为你感到羞耻。况且，现在你不去追求，什么时候才能成功呢？"她就和赵衰等人用计灌醉了重耳，用车载着他离开了齐国。走了一段很长的路，重耳才醒来，弄清事情的真相，先是大怒，因为他不愿意放弃既有的美好生活，后来在赵衰、咎犯等人的劝告下，才知道自己的身负重担，于是平息了怒气，继续前行。

重耳到了秦国，秦缪公就派军队护送重耳回晋国。重耳在外逃亡十九年最终返回晋国，这时已六十二岁了，晋人大多归向他。公元前636年，重耳派人杀死了怀公，自己登上了王位，就是晋文公，开创晋国长达百年的霸业，与齐桓公并称"齐桓晋文"。

回头想想，如果重耳的齐国妻子不是深明大义，没有舍弃夫妻之情，赶他回国，估计他就一辈子客死他乡了！

9

你不偷人妻 人不要你命

棠公之妻美丽，棠公死后，崔杼娶了她。齐庄公又与她通奸，多次去崔杼家过夜。泥人还有三分土性呢，别说一个大男人了，崔杼心里十分恼怒，借庄公伐晋之机，想与晋国合谋袭击庄公但未得机会。庄公曾经鞭打宦官贾举，贾举又被任为内侍，他们联合起来，贾举在内，崔杼在外，他们共同寻找庄公的漏洞来报仇。

公元前548年五月，莒国国君朝见齐君，齐庄公宴请莒君。崔杼谎称有病不去上朝。过了几天，庄公一方面探望崔杼病情，一方面和崔杼妻子幽会。崔妻入室，与崔杼同把屋门关上不出来，庄公就在院子里唱情歌。这时宦官贾举把庄公的侍从拦在外面而自己进入院子，把院门从里边关上。崔杼的徒众手执兵器一拥而上杀庄公。庄公这时候才知道事情的严重，他也知道自己错了，想请求和解，众人不答应，庄公最后请求让他到自己的祖庙里去自杀，众人仍不允许。庄公跳墙想逃，被人射中大腿，掉下墙来，于是被杀。

10

春申君给楚王戴绿帽

楚考烈王没有儿子，宰相春申君黄歇为这件事发愁，就寻找宜于生育儿子的妇女进献给楚王，虽然进献了不少，却始终没生儿子，大概是楚考烈王有不育的疾病吧。赵国人李园带着他的妹妹来，打算把他的妹妹进献给楚王，又听说楚王身体不行，恐怕时间长了不能得到宠幸。李园便寻找机会做了春申君的侍从，想把妹妹献给春申君。不久他请假回家，又故意延误了返回的时间。回来后他去拜见春申君，春申君问他迟到的原因，他回答说："齐王派使臣来求娶我的妹妹，由于我跟那个使臣饮酒，所以延误了返回的时间。"春申君一想，这个女人想必很美丽，于是就问："可以让我看看吗？"李园说："可以。"于是李园就把他的妹妹献给春申君，并立即得到春申君的宠幸。

后来李园知道了他的妹妹怀了身孕，就同他妹妹商量了进一步的打算。李园的妹妹找了个机会劝说春申君，大体意思是：您任楚国宰相已经二十多年，可是大王没有儿子，如果楚王寿终之后将要改立兄弟，那么楚国改立国君以后，您就不能长久地得到宠信了！现在我自己知道怀上身孕了，可是别人谁也不知道。我得到您的宠幸时间不长，如果凭您的尊贵地位把我进献给楚王，楚王必定宠幸我；我要是生个儿子，这就是您的儿子做了楚王，楚国全为您所有，这与您身遭意想不到的殃祸相比，哪样好呢？

春申君认为这番话说得对极了，就按李园妹妹说的办。楚王把李园的妹妹召进宫来很是宠幸她，也没发觉人家已经怀孕了，最后生了个儿子，立为太子，又把李园妹妹封为王后。楚王头顶绿帽处理朝政，非常器重李园，后来李园担心事情暴露，埋伏下刺客杀死了春申君。春申君在这场阴谋中，只是充当了一个"播种机"的任务！

11

头发长见识也长

晏婴辅佐了齐灵公、庄公、景公三代国君，在齐国受到人们的尊重。在各个国家中，也是名声在外。

晏子做齐国宰相时，一次坐车外出，车夫的妻子从门缝里偷偷地看她的丈夫。她丈夫替宰相驾车，头上遮着大伞，挥动着鞭子赶着四匹马，神气十足，扬扬得意。不久回到家里，妻子就要求离婚，车夫问她离婚的原因，妻子说："晏子身高不过六尺，却做了齐国的宰相，名声在各国显扬，我看他外出，很低调，也很谦卑，常有那种甘居人下的态度。现在你身高八尺，才不过做人家的车夫，看你的神态，傲气十足，不知道天高地厚，因此我要求和你离婚。"车夫听了，知道自己太招摇了，并且这种招摇不是建立在自己的实力之上，从此以后，车夫就谦虚恭谨起来。晏子发现了他的变化，感到很奇怪，就问他，车夫也如实相告，晏子感觉孺子可教，就推荐他做了大夫。即使车夫能力不济，但他后面有个好老婆，估计工作也干不差吧。

12

古代最明智的老太太

公元前259年，秦军与赵军在长平对阵，那时赵奢已死，蔺相如也已病危，赵王派廉颇率兵攻打秦军，秦军几次打败赵军，赵军坚守营垒不出战。秦军屡次挑战，廉颇置之不理。赵王听信秦军间谍散布的谣言。秦军间谍说："秦军所厌恶忌讳的，就是马服君赵奢的儿子赵括来做将军。"赵王因此就以赵括为将军，取代了廉颇。

赵括从小就学习兵法，谈论军事，以为天下没人能抵得过他。他曾与父亲赵奢谈论用兵之事，赵奢也难不倒他，可是并不说他好。赵括的母亲问赵奢这是什么缘故，赵奢说："用兵打仗是关乎生死的事，然而他把这事说得那么容易。如果赵国不用赵括为将也就罢了，要是一定让他为将，使赵军失败的一定

京剧脸谱人物邮票《廉颇》

就是他呀。"等到赵括将要起程的时候，他母亲上书给赵王说："不可以让赵括做将军。"赵王很疑惑，赵母回答说："他父亲做将军时，由他亲自捧着饮食侍候吃喝的人数以十计，被他当作朋友看待的数以百计，赏赐的东西全都分给军吏和僚属，并且一入军营，就不再过问家事。现在赵括刚做了将军，就面向东接受朝见，军吏没有一个敢抬头看他的，大王赏赐的金帛，都带回家收藏起来，还天天访查便宜合适的田地房产，可买的就买下来。根本不像他父亲？父子二人的心地不同，希望大王不要派他领兵。"赵王以为是妇人之见，就劝赵母回去，赵括的母亲说："您一定要派他领兵，如果他有不称职的情况，我能不受株连吗？"赵王答应了。

赵括代替廉颇之后，把原有的规章制度全都改变了，把原来的军吏也撤换了。秦将白起听到了这些情况，便调遣奇兵，假装败逃，又去截断赵军运粮的道路，把赵军分割成两半，赵军士卒离心。过了四十多天，赵军饥饿，赵括出动精兵亲自与秦军搏斗，秦军射死赵括。赵括军队战败，前后损失共四十五万余人。第二年，秦军就包围了邯郸，有一年多，赵国几乎不能保全，全靠楚国、魏国军队来援救，才得以解除邯郸的包围。

一将无能，累死三军。后来赵王也由于赵括的母亲有言在先，终于没有株连她。

13

嫪毐是宦官还是太监

宦官是中国古代专供皇帝、君主及其家族役使的官员。先秦和西汉时期并非全是阉人。自东汉开始，则全为被阉割后失去性能力而成为不男不女的中性人。

太监本为官名，唐高宗时，改殿中省为中御府，以宦官充任太监，少监，只有地位较高的内监就被称为"太监"。明内廷有十二监，主官均称太监，由阉人担任，主官以下宦官，无太监之名。清始以太监加诸所有宦官，宦官与太监遂为同义词。

嫪毐没有被阉割，假装被阉割，算是宦官的一种，不是太监，因为当时未有太监的称谓！

公元前249年，庄襄王任命吕不韦为丞相，封为文信侯。庄襄王即位三年之后死去，太子嬴政继立为王，尊奉吕不韦为相国，称他为"仲父"。秦王年纪还小，太后常常和老情人吕不韦私通。吕不韦一是感觉私通不是长久之计，二是年老身体不济事了，于是暗地寻求了一个阴茎特别大的人嫪毐作为门客。引诱太后，太后寡居啊，三十如狼四十如虎的年龄，立马就上钩。吕不韦又暗中对太后说："你可以让嫪毐假装受了宫刑，就可以在供职宫中的人员中得到他。"太后就偷偷地送给主持宫刑的官吏许多东西，假装处罚嫪毐，拔掉了他的胡须假充宦官，太后就很方便地和他通奸。古代也没有避孕套，时间长了，太后就怀孕了，但是怕别人知道，就假称算卦不吉，需要换一个环境来躲避一下，就迁移到雍地的宫殿中来居住。嫪毐自然是随从左右，伺候太后。

公元前238年，有人告发嫪毐实际并不是宦官，常常和太后淫乱私通，并

慈禧出行，太监相随

生下两个儿子，都把他们隐藏起来，还和太后谋议说"若是秦王死去，就立这儿子继位"。这时候秦始皇大权在握，不再受吕不韦的牵制，也不怕太后的干预，立即命法官严查此事，把事情真相全部弄清。这年九月，把嫪毐家三族人众全部杀死，又杀太后所生的两个儿子，并把太后迁到雍地居住。嫪毐在历史上小有名气，本钱就是他的"本钱"啊！

14

知儿莫若母　要听妈妈的话

　　陈婴，原先是东阳县的令史，在县中一向诚实谨慎，人们称赞他是忠厚老实的人。秦末天下大乱，有个年轻人杀了县令，聚集起数千人起义，他们强行让陈婴当了首领。那帮年轻人嫌不够热闹，就想立陈婴为王，他们也跟着混个侯爵当当。

这时候，陈婴的母亲对陈婴说："自从我做了你们陈家的媳妇，还从没听说你们陈家祖上有显贵之人，如今你突然有了这么大的名声，恐怕不是吉祥的征兆。依我看，不如去归属谁，起事成功还可以封侯，起事失败也容易逃脱，因为那样你就不是为世所指名注目的人了。"

陈婴听了母亲的话，没敢做王。他对这些起义人中的头领们说："项氏世世代代做大将，在楚国是名门。现在我们要起义成大事，那就非得项家的人不可。我们依靠了名门大族，灭亡秦朝就确定无疑了。"于是军众听从了他的话，把军队归属于项梁，就是西楚霸王项羽的叔叔。

陈婴的母亲如此见地，在古代是很少见的明智的女性啊！

15

公主也有假的

公元前199年，匈奴冒顿屡次侵扰汉朝北部边境。刘邦感到忧虑，问刘敬对策，刘敬说："天下刚刚安定，士兵们因兵事还很疲劳，不宜用武力去征服冒顿，也不能用仁义去说服他，唯独可以用计策，使他的子孙长久做汉的臣属。"刘邦问计，刘敬说："陛下如果能把嫡女大公主嫁给他为妻，又赠送丰厚俸禄，他一定仰慕汉朝，以公主为匈奴的阏氏，生下儿子，肯定是太子。陛下每年四季用汉朝多余而匈奴缺乏的东西，频繁地慰问赠送他们，乘机派能说善辩的人士前去讽劝和讲解礼节。这样，冒顿在世时，他本是汉朝的女婿辈；他死后，您的外孙便即位为匈奴王单于。难道曾听说过外孙敢和外祖父分庭抗礼的吗？我们可以不经一战而让匈奴渐渐臣服。如果陛下舍不得让大公主去，而令宗室及后宫女子假称公主，他们知道了，不肯尊敬亲近，还是没有用。"刘邦认为这是个好主意，便想让大公主去。但吕后日日夜夜哭泣着说："我只有太子和一个女儿，为什么把她扔给匈奴！"刘邦到底没有让大公主去。

公元前198年冬季，刘邦在庶民家找来一名女子，称之为大公主，就把这个假公主嫁给匈奴单于做妻子。这个平民女子一下子由百姓变成了公主，不知道是好事还是坏事呢！

16

被冷落未必是坏事

湖南省博物馆的西汉着衣歌舞俑

薄姬年少时，与管夫人、赵子儿是闺蜜，三人立下誓约说："富贵不相忘。"后来管夫人、赵子儿都先后得到汉王刘邦宠幸。有一次刘邦坐在河南宫的成皋台上，这两位美人谈起当初与薄姬的誓约而相互戏笑。刘邦听到后，问她们缘故，两人把实情都告诉了汉王。刘邦可怜薄姬，就召见她，后来薄姬就生了男孩，这就是代王。此后薄姬就很少见到刘邦了，因为后宫中美貌的、有心计的人太多了，况且还有个爱嫉妒的吕后呢！

刘邦去世后，那些为刘邦侍寝而得宠幸的妃子如戚夫人等人，被大权在握，又嫉妒心很强的吕太后囚禁起来，不准出宫。而薄姬由于极少见刘邦，得以出宫，跟随儿子到代国，成为代王太后。代王在位十七年，吕后去世。大臣商议立新君，都痛恨外戚吕氏势力强盛，都称赞薄氏仁德善良，所以迎回代王，立为孝文皇帝，薄太后改称号为皇太后。

幸亏薄太后当初没有被宠爱，否则也不会有以后的富贵了，福祸两相依，有时候看着是坏事，最后的结果却会是好事呢。

17

歪打正着与弄假成真

公元前196年，吕后诛杀了淮阴侯韩信，兔死狐悲吧，英布内心恐惧，怕受牵连。这年夏天，刘邦又诛杀了梁王彭越，并把他剁成了肉酱，还把肉酱装好分别赐给诸侯。送到淮南，淮南王英布正在打猎，看到肉酱，特别害怕，怕自己未来也没有好下场，于是就暗中部署，集结军队，防备灾祸发生。

正巧，英布宠幸的爱妾病了，找医生治疗，医师的家和中大夫贲赫家住对门，爱妾多次去医师家治疗，贲赫认为自己是侍中，就送去了丰厚的礼物，随爱妾在医家饮酒，这本是下级对上级的一种尊重！这个爱妾侍奉英布时，在谈话之间，不断称赞贲赫是忠厚老实的人。淮南王生气地说："你怎么知道的呢？"爱妾就把贲赫陪同她交谈的情况全都告诉他。淮南王疑心她和贲赫有淫乱关系。贲赫听说了，很害怕，借口有病不去应班。淮南王更加恼怒，就要逮捕贲赫。贲赫知道被抓住下场会很惨，一不做二不休，干脆就告发英布叛变。贲赫到了长安，上书告变，说英布有造反的迹象，可以在叛乱之前诛杀他。刘邦不是很相信，就先把贲赫关押起来，派人暗中去调查淮南王。淮南王英布本来已经怀疑贲赫说出自己暗中部署的情况，刘邦的使臣又来验证，干脆，他就杀死贲赫的全家，起兵造反。但是天下已定，这些小风浪很快就被刘邦灭掉了。刘邦于是封贲赫为期思侯，贲赫歪打正着，英布是弄假成真，都是因为他小心眼的缘故啊！

18

嫉妒的女人像发疯的狮子

刘邦死后，吕太后大权在握，她最怨恨戚夫人和她的儿子赵王，就命令永巷令把戚夫人囚禁起来，同时派人召赵王进京。汉惠帝仁慈，知道母亲吕太后恼恨赵王，就亲自到霸上去迎接，跟他一起回到宫中，亲自保护，跟他同吃同睡。吕太后想要杀赵王，却得不到机会。公元前194年十二月一天清晨，惠帝出去射箭。赵王年幼，不能早起。吕太后得知赵王独自在家，利用这个机会，派人拿去毒酒让他喝下。等到惠帝回到宫中，赵王已经死了。

这年夏天，吕太后派人砍断戚夫人的手脚，挖去眼睛，熏聋耳朵，灌了哑药，扔到猪圈里，叫她"人猪"。过了几天，太后叫惠帝去看"人猪"。惠帝看了，一问，才知道这就是戚夫人，吃惊带惊吓，于是大哭起来，从此就病倒了，一年多不能起来。惠帝派人请见吕太后说："这不是人干的事情，我作为太后的儿子，再也不配当皇帝了。"惠帝从此每天饮酒作乐，放纵无度，不问朝政，这也正中了吕后下怀，吕后成了实际的皇帝，更加为所欲为了。

19

太后很生气 后果很严重

宣平侯张敖的女儿做孝惠皇后时，没有儿子，假装怀孕，抱来后宫妃子生的孩子说成是自己所生，杀掉他的母亲，立他为太子。惠帝去世，太子立为皇帝。

公元前184年，少帝渐渐长大，自知并非惠帝张皇后的儿子，就发牢骚说："皇后怎么能杀了我的生身之母而冒充我的母亲！我长大之后，一定要复仇！"吕太后得知，就把少帝幽禁于后宫的永巷中，宣称少帝患病。任何人不得与少帝相见。吕太后告诉群臣说："如今皇帝长期患病不愈，精神失常，不能继承皇位统治天下了，应该另立皇帝。"吕太后大权在握，为人阴狠毒辣，众大臣只有点头的分儿，于是就废掉少帝，并暗中杀死。五月十一日，吕太后立恒山王刘义为皇帝，改名为刘弘。

刘友死后，诸侯王刘恢被改封为赵王。

赵王刘恢自从被改封到赵地之后，心情郁郁不乐。吕太后把吕产的女儿配给刘恢为王后，王后左右从官都是吕氏，胡作非为，并暗地监视赵王言行，赵王不能自作主张，处处受制。赵王所宠爱的一个美姬，也被王后派人用毒酒毒死。六月，赵王刘恢无法克制悲愤而自杀。太后闻知此事，认为赵王因一妇人而轻弃侍奉宗庙的大礼，不许他的后人继承赵国王位。

20

知错就改 善莫大焉

　　汉文帝所宠幸的慎夫人，在宫中经常与皇后同席而坐。等到她们一起到郎官府衙就座时，袁盎把慎夫人的坐席排在下位。慎夫人恼怒，不肯入座；文帝也大怒，站起身来，返回宫中。袁盎借此机会上前规劝文帝说："我听说'尊卑次序严明，就能上下和睦'。现在，陛下既然已册立了皇后，慎夫人只是妾，妾怎么能与主人同席而坐呢！况且如果陛下真的宠爱慎夫人，就给她丰厚的赏赐；而陛下现在宠爱慎夫人的做法，恰恰会给慎夫人带来祸害。陛下难道不见'人彘'的悲剧吗！"文帝这才醒悟，转怒为喜，召来慎夫人，把袁盎的话告诉了她。慎夫人知道自己不是正官，按现在话来说，是个"二奶"，惹怒了正官，别说"转正"，小命都难保，她也是聪明之人，知道自己错了，感谢袁盎，赏赐黄金五十斤以示感谢。

21

缇萦是个有胆识的孝女

　　齐国的太仓令淳于意犯了罪，应该受刑，朝廷派狱官逮捕他，把他押解到长安拘禁起来。淳于意有五个女儿，可没有儿子。他被押解到长安去离开家的时候，望着女儿们叹气，说："唉，可惜我没有男孩，遇到急难，一个有用的也没有。"几个女儿都低着头伤心得直哭，只有最小的女儿缇萦又是悲伤，又是气愤。她想："为什么女儿偏没有用呢？"她提出要陪父亲一起上长安去，家里人再三劝阻她也没有用。缇萦到了长安，托人写了一封奏章，到宫

1982 年出版的小人书《缇萦救父》

门口递给守门的人。汉文帝接到奏章，知道上书的是个小姑娘，倒很重视。那奏章上写着："我的父亲做官，齐国的人们都称赞他廉洁公平，现在因触犯法律而犯罪，应当受刑。我伤心的是，受了死刑的人不能再活过来，受了肉刑的人肢体断了不能再接起来，虽想走改过自新之路，也没有办法了。我愿意被收入官府做奴婢，来抵父亲的应该受刑之罪，使他能够改过自新。"

汉文帝怜悯缇萦的孝心，就下诏说应该废除肉刑。大臣们一商议，拟定一个办法，把肉刑改用打板子。原来判砍去脚的，改为打五百板子；原来判割鼻子的改为打三百板子。汉文帝就正式下令废除肉刑。这样，缇萦就救了她的父亲。后世班固有诗赞曰："百男何愦愦，不如一缇萦。"

22

景帝的皇后是二婚

汉景帝做太子的时候，薄太后给他选定了一个薄氏女子为妃；等到景帝做

了皇帝，薄氏就成了皇后，却不受景帝的宠幸。公元前151年九月，皇后薄氏被废。

当初，燕王臧荼有个孙女，名叫臧儿，嫁给槐里王仲为妻，生下儿子王信和两个女儿之后，王仲死了；臧儿便改嫁长陵人田氏，生下儿子田和、田胜。汉文帝时，臧儿的大女儿嫁给金王孙为妻，生下女儿金俗。臧儿替子女占卜命运，卜人说："两个女儿都应当是尊贵的命。"臧儿就从金王孙家中夺回女儿，金王孙愤怒，不肯与妻子分手；臧儿却把大女儿送到太子官中，生下儿子刘彻，这就是后来的汉武帝。通过这个故事我们知道，皇帝的老婆也不都是原配。

23

皇家多有乱伦事

刘邦死后，吕后当政，封刘泽为燕王，王位传到刘泽的孙子刘定国，他与父亲康王的姬妾通奸，生下一个男孩。又霸占弟弟的妻子为姬妾。还与自己的三个女儿通奸。定国打算杀死肥如县令郢人，郢人等就把定国的罪行上告，定国派谒者假借其他法令告发、逮捕并杀死郢人以灭口。公元前127年，郢人的兄弟再次上书全部告发定国不可告人的丑事，定国的罪恶因此暴露。汉武帝诏令公卿论处，公卿都议论说："定国是禽兽之行，败坏人伦，违背天理，应当处死。"汉武帝准许。定国自杀，封国废除，改设为郡。

江都易王刘非在汉景帝时受封为汝南王。他死后儿子刘建继位为王。在淮南、衡山两国谋反时，刘建略知他们的图谋。他认为自己的封国靠近淮南，恐怕一旦事发，被淮南王并吞，于是暗中制造兵器，并且经常佩带着天子赐给他父亲的将军印，载着天子的旌旗出巡。易王去世，尚未埋葬，刘建看上易王宠爱的美人淖姬，夜晚派人把淖姬接来，跟她在守丧的房舍中发生奸情。等到淮南王反叛事败露，朝廷惩治同党、涉嫌者，颇牵连到江都王刘建。刘建恐慌，于是派人多持金钱，通过活动想平息这件讼案。他又相信巫祝，派人祭祀祷告，编造虚妄不经的话。刘建还跟他的姊妹都有奸情。这些事被朝廷得知后，汉朝的公卿大臣请求逮捕刘建治罪。天子不忍心，派大臣去审讯他。他招认了所有犯之罪，畏罪自杀。于是封国废除，封地并入朝廷，成为广陵郡。